DREAM RUSH

Arrow M 지음

'메르세데스 벤츠의 전설' Arrow M이
젊은이에게 던지는 따끔한 조언

MCJ International Inc.

드림 러쉬

Copyright 2018 by Minsu Rhee, All rights reserved

No part of this book may be reproduced or transmitted in any form or by any means, electronic or mechanical, including photocopying, recording, or by any information storage and retrieval system, without the written perrmission of the author, except where permitted by law

Printed in the United States of America

Dream Rush (드림 러쉬) / written by Arrow M

시작하며

기회의 문이 열려있다.
그 기회를 볼 수 없는 것은
닫혀진 당신의 마음 때문이다.

나날이 실업률이 높아지고 있다. 청년 실업자 인구도 폭증해 사회적인 불안감이 고조되고 있다. 어느 통계를 보니 최근 한국도 '청년 실업률 수치가 역대 최악'이라고 언론들이 입을 모으고 있으며, 세계 곳곳에서도 일자리를 찾기 위해 동분서주 하는 사람들로 가득하다. 사람들은 정부에게 일자리를 창출해내라고 항의하고, 정부는 정부대로 국민들의 세금을 올려서 그 일자리를 만들어내겠다고 한다.

수 많은 젊은이들이 '아메리칸 드림'을 찾으려고 미국으로 온다. 부모들은 자신들의 삶과 자녀들의 미래를 보장받기 위해 머나먼 미지의 세계로 삶의 여정을 찾아 나선다. 그러나 막상 이민자들의 현실은 타국 땅에서도 마찬가지라는 것을 곧 알게 된다. 오히려 언어의 부족과 문화를 이해하지 못하는 갈등으로 인한 문제들로 인해 때론 상황이 더욱 심각하게 가중되기도 한다. 사람들은 결국 화려한 꿈을 꾸다가 깨어난 사람들처럼 생존의 문제들로 돌아온다. "무엇을 해야 할지? 어떻게 살아야 할지? 어디서부터 시작해야 될지?"를 묻기 시작한다. 그리고 답을 찾아 헤매이며 걱정과 근심 속에 살아가고 있다.

나 역시 미국에서 대학을 졸업하고 **10년** 가까이 직장과 커리어 때문에 방황했다. 타국에서 적성에 맞는 그럴듯한 직장을 구하는 것은 말처럼 쉬운 일이 아니었다. 정치학도였던 대학 시절의 꿈은 세계 정치 무대를 누비며 자랑스러운 한국인으로 살아가는 것이었다. 하지만 현실의 벽은 너무나도 높았고 나의 도전은 번번이 실패로 돌아갔다.

그러한 현실과 화해하기 위한 내 노력은 필사적이었다. 소망하는 미래에 다가가기 위한 헛발질에 지친 마음은 혼란스럽고 갈피를 잡을 수 없었다. 잡힐 듯 말 듯하면서도 결국 내 것이 되지 못했기 때문이다. 지금 이와 같은 고민을 하고 있는 젊은이들이 있다면 조금은 안심해도 좋다. 내가 이 글을 쓰기로 결심한 것은 일자리를 구하지 못해 과거의 나처럼 방황하는 젊은이들에게 새로운 길을 찾는 방법을 알려주기 위함이다. 그리고 그를 통해 자신의 가치를 실현하는 것의 중요성을 일깨우기 위함이다.

세일즈에 입문하기 전에 나는 인생의 방향감각을 완전히 잃은 상태였다. 내가 누구인지, 도대체 어디에 쓸모가 있는지 종잡을 수가 없었다. 존재의 가치를 인정받고 싶었지만 어느 곳에서도 그럴 수 없었다. 엉뚱하게도 나는 어린 시절 성악에 소질이 있다는 선생님의 칭찬을 기억해내고는 교회의 찬양대에 들어갔는데, 거기서 교인들에게 박수갈채를 받은 것을 계기로 '혹시 나는 노래를 부르기 위해 태어난 사람은 아닐까'라고 착각하고는 음반업계를 기웃거리며 인터뷰에 가기까지 했다.

방황하던 내가 방향을 제대로 잡게 된 계기는 인식의 변화 때문이었다. 아침부터 저녁까지 어떤 일을 성실히, 그리고 합법적인 방법으로 행할 경우, 그 일이 아무리 하찮은 일이라 해도 밥은 먹고산다는 단순한 진리를 깨닫게 된 후로 방향을 잡을 수 있었다.

예를 들어, 우연히 시작하게 된 세일즈는 누군가로부터 고정 수입을 약속받을 수 없지만 열심히 일하면 한 달 동안 밥을 먹고 월세를 내는 데 아무런 지장이 없다는 놀라운 사실을 깨달은 것이다. 누군가 직장이 없어서 길거리로 나앉았다면, '아무도 하려 하지 않는 하찮은 일이라도 하라. 그러면 수입이 생길 것이다'라고 말해주고 싶다. 물론 난이도가 높고 희소가치가 클수록 수입이 많겠지만, 꼭 그런 일을 찾는 것이 아니라면 할 만한 일은 널리고 널렸다. 일이 없는 것이 아니라 일할 사람이 없는 것이다.

구직할 때 내가 하고자 하는 일이 아니라 사람들이 내가 했으면 고 바라는 일을 찾아라. 그래야만 수요와 공급의 원리에 의해 자신의 리를 찾을 수 있다. 그리고 자신이 가야 할 곳을 빨리 찾아갈 수 있다. 그곳에 가면 자신이 잘할 수 있는 일이 벌려 있고 스스로도 활력이 넘치며 남들에게 직, 간접적으로 도움을 줄 수 있다.

또한 그렇게 하다 보면 남들이 기꺼이 지불한 대가로 자신이 기대하는 생활수준에 이를 수 있는 날이 온다. 당신과 가족들도 경제적으로 윤택해질 뿐 아니라 당신만이 그 일을 할 수 있는 경지에 이르면 경쟁을 초월하는 여유마저 누릴 수 있다. 문제는 자기가 있어야 할 그곳을 바라보지 않고 자신의 상상 속의 세계에 다른 사람들이 관심을 가져주기를 바라는 것이다. 사람들은 당신이 만든 상상의 세계에 전혀 관심이 없음을 알아야 한다.

직업의 문이 이처럼 활짝 열려 있는데 무엇을 두려워하는가? 정작 두려워해야 할 것은 당신의 닫힌, 희망을 버린 마음이 아닐까? 모든 대기업에서 좋은 인재를 구하는 것이 살길이라고 역설한다. 회사를 대표해 소비자의 마음을 사로잡을 인재를 찾기 위해 애쓴다. 해외에서 인재를 수입하겠다고 하기도 한다. 직업을 구하는 사람들은 넘쳐나는데, 일자리를 제공할 수 있는 회사는 오히려 인재가 없다고 아우성이다. 그래서 나는 그 회사들에서 찾는 인재가 바로 당신이 될 수 있도록 돕기로 했다. 내가 경험을 모두 동원해, 당신이 바로 그들이 찾는 인재가 될 수 있도록 말이다.

어떤 사람이 자신이 속해 있는 분야에서 놀라운 업적을 세웠다고 하자. 그러면 또 다른 누군가가 나타나 계속 그 업적에 새로운 것을 추가한다. 사람들이 오가고, 새로운 인물들이 새로운 무엇인가를 이루고, 사람들은 거기서 또 다른 곳으로 이동한다. 세상은 새로운 사람들이 새로운 재능으로 자신들의 삶에 역동성을 불어넣어주기를 갈망하고 또 갈망한다. 그리고 거기서 자신이 주인공이 될 수도 있다. 세일즈 세계, 스포츠 세계, 비즈니스 세계, 음악 세계, 미술 세계, 문학 세계, 정치 세계 등 끝도 한도 없이 수많은 분야와 장소에서 그곳을 빛내줄 누군가를 찾고 있는 것이다.

아직 끝나지 않았다. 어쩌면 제대로 시작조차 하지 못했을 수도 있다. 사람들은 그 세계에서 당신과 내가 전설을 만들어내길 애타게 기다리고 있을지도 모른다. 그곳에서 단순히 밥을 먹고살기 위한 생계수단이 아닌, 사람들을 감동시킬 우리들의 전설이 시작될 수도 있다.

이 책은 크게 세 가지 내용으로 구성되어 있다.

먼저, 19세에 미국으로 건너가 대학을 졸업하고 '세일즈'라는 천직을 찾기까지 나의 구직 활동 경험담을 담았다. 교사인 부모님 덕분에 비교적 안정적으로 자랐으며 미국에서 명문 대학과 대학원을 다닌 내가 유치원 보모부터 웨딩 코디네이터, 다단계 판매원, 방송국 계약직, 전화 설문조사원 등 각종 임시직을 전전하며 '고학력 백수'로 살아간 이야기, 가장 경멸하고 무시했던 세일즈를 평생 직업으로 선택하게 된 계기 등에 대해 가감 없이 털어놓았다. 제대로 된 직장을 구하기까지 10여 년 동안의 내 이야기를 통해 꿈꾸고 소망하던 것이 현실과 많이 달라도 주어진 상황을 받아들이고 기회를 내 것으로 만드는 과정을 보여주고자 한다. 자아상을 다지는 기초 작업이 제대로 이뤄져야 인생에서 벌어지는 모든 예측 불가능한 상황을 헤쳐나갈 수 있다.

다음으로 자동차 세일즈를 하면서 얻은 경험을 토대로 '세일즈'에 대해 얘기했다. 이 세상의 모든 직업은 크게 생산업과 판매업으로 나눌 수 있다. 물론 교육이나 매니지먼트와 같이 분류하기 힘든 직종도 있지만 생산업과 판매업이 주를 이룬다. 중요한 것은 대다수 사람들이 생산 관련 직종을 선호한다는 사실이다. 다른 사람에게 무언가를 부탁하지 않아도 되고 직종의 전문성이 두드러진다고 생각하기 때문인 듯하다. 그러나 판매에 실패해 문 닫는 회사는 있어도 판매가 왕성한데 생산이 부진해 문 닫는 회사는 없다. 나는 이러한 점을 상기시며 그동안 등한시 돼왔던 세일즈와 세일즈 전문가 양성의 중요성을 환기하고자 한다.

마지막으로 자신의 가치를 재발견하는 과정을 조명했다. '세상은 넓고 할 일은 많다'고 했지만 세상은 넓고 할 일도 많은데 기회가 없다. 자기 안에 숨겨진 가치를 이끌어내어 효과적으로 알릴 수 있어야 사회에서 제대로 평가받을 수 있다. 또한 평생 일할 직장을 찾을 때, 내가 아는 나의 재능을 내세우기보다는 다른 사람의 필요를 찾아 나의 재능을 증명하는 것이 더 효과적이다. 사람들이 나를 필요로 하는 곳이 바로 나의 가치를 발휘할 수 있는 내 일이다. 결국 내가 나를 사랑해야 다른 사람도 나의 가치를 알아볼 수 있으며, 어떤 상황에서도 스스로를 믿을 때 나의 가치가 빛을 발할 수 있는 것이다.

이제 갓 세일즈에 입문하는 사람은 무언가를 이루어야 한다는 간절함만 있을 뿐 세일즈 세계에서 성공하기 위한 구체적인 준비나 특별한 노력을 기울이지 않는다. 이런 사람이 세일즈를 하면 사람들의 냉대와 편견으로 인해 크게 상처받을 것이다. 나는 이처럼 주변의 차가운 시선에 주눅 든 당신의 영혼을 격려하고 따뜻하게 보듬어주어 앞으로 나아갈 수 있는 힘을 길러주고 싶다. 따끔하지만 그렇다고 냉정하지는 않게 조언해주고 당신이 기대하지 못했던 더 큰일을 해낼 수 있도록 격려해 주고 싶다.

1장

명문대 유학파가 세일즈를 한다고?

MCJ International Inc.

시작하며_ 기회의 문이 열려있다.

그 기회를 볼 수 없는 것은 닫혀진 당신의 마음 때문이다. * 3

1장 명문대 유학파가 자동차 세일즈를 한다고?

메르세데스 벤츠의 전설이 되다 *14

세상은 넓고 할 일도 많은데 *24

일과 가정 사이에서 미래를 고민하다 *41

내 작은 사무실만이 나의 세계다 *49

고생 끝에 찾아온 행복 *60

나의 가치는 이느 정도인가 *69

2장 눈부신 너의 가치가 스펙을 이긴다

내가 바라보는 것과 사람들이 내게 원하는 것 *79

세일즈맨의 죽음 *85

큰 돈 들이지 않고 할 수 있는 일 *94

그들에게도 반짝이는 시절이 있었다 *104

희로애락에 휘둘리지 마라 *112

품위를 잃으면 모든 것을 잃는다 *121

3장 사람들을 감동시킬 나만의 업(業)을 찾아라

누구나 할 수 있지만 아무나 해서는 안 되는 일 *127

재능과 삶의 가치 사이에서 *133

전적으로 손님의 결정에 맡겨라 *142

별 탈 없이 오래 일한다는 것 *149

중요한 것은 신뢰와 소통이다 *161

좋은 손님, 까다로운 손님, 나쁜 손님 *170

좋은 상사를 만난다는 것 *183

방황하는 시간은 짧을 수록 좋다 *193

4장 모든 일이 생각처럼 쉽지 않은 당신에게

황금 거위의 꿈 *205

배려하고 어울려 사는 법 *219

좁은 문으로 들어가라 *225

신데렐라가 되고 난 뒤 *232

너의 가치는 벤츠보다 비싸다 *244

마치며_ 조금 더 다가가면 문이 열린다 *253

메르세데스 벤츠의 전설이 되다

"내가 올린 실적에 반쯤 얼이 빠진 동료들은 나를 "판매기"라고 불렀다. 손님과 상담하기만 하면 그날로 차를 판다고 해서 붙여준 별명이었다."

"당신은 두 달 만에 벤츠업계의 전설이 되었소**You became the legend of Benz industry within 2 months!**"

직장 상사로부터 이 말을 들었을 때, 나는 내 귀를 의심했다. 전설이라니, 나 같은 사람도 전설이 될 수 있단 말인가. 나처럼 평범한 사람이 전설을 만들다니 가당치 않다고 생각했다. 그것도 난생 처음 해보는 일인 세일즈에서, 그리고 명품 중의 명품 벤츠 자동차를 판매하면서 말이다.

직장을 구하기 위해 처음 벤츠 매장을 찾아갔을 때가 떠올랐다. 으리으리한 벤츠 자동차들이 늘어선 매장에 들어서자 양복을 말끔하게 차려입은 세련된 중년의 백인 신사들이 일제히 쳐다보았다. 매장 안쪽에 위치한 근사한 사무실에서 업무를 처리하고 있던 그들의 매서운 눈초리에 압도당한 나는 기어들어가는 목소리로 일자리를 구한다고 말했다. 그러자 입구에 앉아 있던 백인 여성이 다소 경멸하는 투로 내게 물었다.

"누구와 약속하고 오셨나요?"

내가 '노'라고 말하자 그녀는 냉정하게 고개를 돌려버렸다.

뻘쭘해진 나는 잠시 매장 안을 둘러보다 한 흑인 남성에게 이력서를 어디에 제출해야 하냐고 물었다. 그 남성은 내게 자동차를 판매해본 경험이 있느냐고 했다. '예, 아니요'만 하면 되는 간단한 질문에 나는 어느 대학을 졸업했고, 세일즈와 관련해 어떤 유사 경력이 있는지 자세히 설명했다. 남성은 난감한 표정을 지으며 듣고 있다가, 이쪽은 중고차 매장이니 새 차 매장으로 안내해주겠다면서 도중에 말을 끊어버렸다.

그렇게 으리으리한 매장이 중고차를 판매하는 곳이라니 믿기지 않았다. 그를 따라 들어간 새 차 매장은 중고차 매장과는 비교도 되지 않을 만큼 크고 화려했다. 대충 둘러본 일하는 사람들의 모습은 웬만한 회사 CEO들과 비교해도 손색없을 만큼 근사해 보였다. 그곳의 분위기에 압도당한 나는 면접 볼 사람을 기다리는 내내 있으면 안 될 곳에 있는 것 같아 안절부절못했다.

렉서스 매장에서 당한 서러운 일이 불현듯 떠올랐다. 차를 사고 3개월쯤 지났을 무렵, 나는 내게 차를 판 한국인 세일즈맨과 융자 담당자를 찾아갔다. 이번에는 고객으로서가 아니라 구직자 입장에서 일자리를 알아보기 위해 그들 앞에 섰다.

직장을 구한다는 내게 그 세일즈맨은 바쁘다며 "고급차 매장에 취직하려면 중저가 차량 판매 경력이 5년 이상은 돼야 한다"는 말을 남기고 사라져버렸다. 생전 처음 보는 나와 남편을 '언니, 오빠'라 부르며 살갑게 대했던 융자 담당자 역시 비서를 시켜 기다리라 하고는 두 시간이 지나도록 만나주지 않았다. 한참 후 어떤 남자가 나타나, 지금은 사람을 구하는 부서가 없으니 나중에 연락하겠다고 말했다. 나는 거의 쫓겨나다시피 렉서스 매장을 나왔으며, 집으로 오는 내내 수치심으로 펑펑 울었다.

이런저런 생각을 하는 동안 시간이 30분 가까이 지났다. 건장한 남성이 나타나, 가지고 온 이력서를 놓고 가라고 말했다. 그리고 내일 자신의 상사와 논의한 뒤 결과를 통보해주겠고 했다. 나는 순순히 그의 지시에 따랐다. 하지만 1주일이 지나도록 아무런 연락이 없었다. 나는 다시 벤츠 매장을 찾아가 결과가 어떻게 됐는지 물었다. 지난번에 결과를 알려주겠다고 말했던 사람이 내 일을 까맣게 잊고 있었다며 마침 상사가 자리에 있으니 바로 만나게 해주겠다고 했다.

'내가 괜한 짓을 하는 게 아닌가' 하는 불안감에 사로잡혀 또다시 한참을 기다렸다. 100군데 가까이 이력서를 냈지만 어디서도 답을 주지 않으니 거절당하더라도 이렇게 무작정 찾아다니는 것이 더 나았다.

한 시간 후 백인 신사가 다가와 정중하게 악수를 청하며 기다리게 해서 미안하다고 말했다. 그는 내가 직장을 구하기 위해 찾아갔던 여러 곳에서 만났던 사람들과 달랐다. 우선 내 말을 끊지 않고 끝까지 들어주었다. 그런 다음 "지금까지 일한 여러 직장에서의 경험 중 어떤 것이 자동차 세일즈에 도움이 되겠느냐?"고 물었다. 순간 나는 아무 말도 할 수 없었다. 그 질문은 내 경력이 자동차 세일즈와 무관하다는 뜻이었기 때문이다. 사실 당시 나는 세일즈에 대해 문외한이나 다름없었다. 다만 일자리를 구해야 하는데 일반 기업체는 도저히 자리가 없고 방문 판매는 사람들이 싫어하니, 울며 겨자 먹기로 선택한 것이 차 세일즈였다.

나는 백인 신사의 파란 눈동자를 정면으로 응시하며 말했다.

"사실 세일즈 경력은 거의 없습니다. 그러나 거절당해도 다시 도전해본 경험은 수없이 많습니다. 일단 채용만 해주십시오. 저를 고용한 것을 절대 후회하지 않을 겁니다."

어디서 그런 용기가 났을까. 사람이 위기에 처하면 초인적인 능력을 발휘한다더니 내가 바로 그랬다. 나는 그에게 작은 소리로 물었다.

"저…… 저는 어떻게 되는 겁니까?"

"오늘부터 내가 당신을 고용하겠소."

어안이 벙벙해진 나를 그가 인사과로 데려갔다. 그날 저녁, 내일 당장 다른 주에 위치한 훈련센터를 찾아가 세일즈 교육을 받으라는 메일이 날아왔다.

첫 출근을 하고 한동안은 벤츠의 역사와 자동차에 대해 공부하며 시간을 보냈다. 하루 이틀이 지나자 동료들이 내게 관심을 보이기 시작했다. 그들은 한결같이 내가 왜 자동차 세일즈를 선택했는지 궁금해했다. 사실 나도 그 점이 궁금하다. 남편의 권유로 시작하긴 했지만 세일즈는 내가 꿈꾸던 직업이 아니었다. 미국 대학에서 정치학을 전공하고 국제 분쟁 대학원에 다닐 때만 해도 내 꿈은 세계의 정치 무대를 누비며 자랑스러운 한국인으로 살아가는 것이었다. 자동차 세일즈가 적성에 맞거나 꼭 해보고 싶었던 것도 아니다. 솔직히 말하면 처음에는 를 오래 할 자신이 없었다.

신기한 것은 고객들이 나를 자동차 전문가로 여기고 이것저것 문의하기 시작했다는 사실이다. 수년 동안 학교 도서관에 파묻혀 정치학을 공부할 때는 내게 정치에 대해 묻는 사람이 거의 없었다. 그런데 자동차 세일즈를 시작하고는 자동차에 관한 온갖 질문과 서비스 문의에 답해야 했다.

　과정이야 어찌됐건 어렵게 직장을 구했으니 나는 나약함을 떨쳐버리고 최선을 다하기로 마음먹었다. 하지만 세일즈란 무조건 열심히 한다고 해서 되는 것이 아니며 성과를 내야 하기에 철저한 준비가 필요했다. 막상 세일즈를 시작하고 보니 무엇부터 해야 할지 난감하기 짝이 없었다. 나를 고용한 상사도 걱정되는지 내게 3개월 정도는 손님을 상대하지 말고 공부만 하라고 했다. 공부만 하고 있으면 도대체 돈은 어떻게 벌란 말인가? 세일즈는 커미션이 주된 수입이다. 팔지 못하면 수입이 거의 없는 것이다. 돈을 벌기 위해 취직했는데 손님을 맞이하지

드림 러쉬

말라니, 어쩌란 말인가?

나는 조금씩 두려워지기 시작했다. 그러나 그때마다 유치원에서 엄마를 기다리는 아이들을 떠올렸다. 그리고 베테랑 동료들도 나와 같은 초보 시절이 있었을 것이라고 생각하며 스스로를 위로했다. 한때 부동산 융자업도 했었지만 그때도 막막하기는 매한가지였다. 오늘 씨를 뿌리고 오늘 쌀을 얻을 수 없듯 세일즈에도 시간이 필요했다.

그렇게 하루하루를 보내던 어느 토요일, 젊은 부부가 공부 삼매경에 빠져 있는 내게 말을 걸었다.

"한국 분 아니세요?"

나는 그렇다고 말하고는 다시 책으로 눈을 돌렸다. 판매점을 여기저기 둘러본 뒤 젊은 부부는 다시 내게 다가와 "차 판매하는 분 아니세요?"라고 물었다. 그제야 나는 내 본업이 세일즈라는 사실을 깨닫고 "차 사시려고요?"라고 물었다. 그 부부는 세련되지 못한 내 질문에 서로 얼굴을 쳐다보며 미소 지었다.

나의 첫 세일즈는 그렇게 시작됐는데 기대했던 것만큼 순조롭지는 않았다. 그러나 장시간의 줄다리기 끝에 결국 그 손님들의 요구와 판매점의 기대치를 조율해 합의를 이끌어내는 데 성공했다. 나는 그때 내

안에 잠재돼 있던 협상력과 화술, 그리고 합의점을 찾는 기술 등을 발견 했다.

자신감을 얻은 나는 이후 손님들을 직접 대면하기 시작했다. 그리고 판매점에 입사한 2004년 4월부터 본격적으로 차를 판매하기 시작해 첫 달에 4대를 판매하는 성과를 올렸다. 특히 대기업 CEO에게 벤츠 S 클래스를 가격 조정 없이 소비자 가격으로 판매했다. 그것도 판매점이 보유하고 있던 물건 중에서 말이다.

일반적으로 벤츠 판매점을 방문하는 사람들은 자신들이 어떤 것을 원하는지 정확히 알지 못한다. 그래서 미국 자동차 판매점들은 손님들이 원할 만한 차종을 미리 확보해둔다. 보유 차량 중에 손님들이 원하는 차종이나 옵션이 없으면 선금으로 500달러 정도를 받고 주문해 판매한다. 이 경우 주문 기간이 길어질수록 다른 판매점으로 손님을 빼앗길 확률이 높아진다. 그런 일이 반복되면 판매점 전체의 실적이 떨어진다. 반대로 판매점에 재고는 잔뜩 쌓여 있는데 손님이 줄어드는 최악의 상황도 올 수 있다.

이런 이유로 고가의 차량을 파는 판매점일수록 경험 많은 베테랑 세일즈맨을 원한다. 베테랑 세일즈맨은 손님이 원하는 것을 재빨리 파악해 프레젠테이션한 뒤 판매점이 보유하고 있는 차량 중에서 선택하도록 유도한다. 때문에 신참내기 세일즈맨이었던 내가 판매점 보유 차량 가운데 가장 비싼 모델을 가격 조정 없이 소비자 가격에 팔았다는 것은 실로 놀라운 성과였다.

두 번째 달은 20대를 팔았다. 대다수 신참 세일즈맨들이 처음 몇 달 동안은 두세 대를 파는 데 그치는 것과 비교할 때, 이는 경이적인 기록이었다. 내가 입사한 판매점을 포함한 회사 전체의 세일즈 사원 70명 가운데 최고의 성적이기도 했다.

내가 올린 실적에 반쯤 얼이 빠진 동료들은 나를 '판매기selling machine'라고 불렀다. 손님과 상담하기만 하면 그날로 차를 판다고 해서 붙여준 별명이었다. 드디어 세일즈맨으로서의 재능을 발견한 것 같아 나는 매우 행복했다. 도저히 넘을 수 없을 것이라고 생각했던 장벽을 넘었을 때의 쾌감은 지금도 짜릿하고 전율이 흐를 정도다. 얼마 지나지 않아 나에 대한 소문이 미 동부지역의 벤츠 판매점들 사이로 퍼져나갔다.

내가 입사한 판매점은 워싱턴 일대의 가장 번화한 도시 한복판에 위치해 있어, 세계에서 몰려든 부자들이 수시로 방문했다. 세일즈맨이 전화 한 통화 하지 않고 가만히 있어도 판매점을 방문하는 손님이 끊이지 않아, 열심히 일하기만 하면 비교적 좋은 실적을 낼 수 있었다. 당시 나는 주변 사람들의 도움을 받지 않고도 판매점을 방문한 손님들로 인해 늘 바쁜 하루를 보냈다.

세상은 넓고 할 일도 많은데...

"마땅한 자리를 찾지 못하고 방황하던 나는 공부를 더 하기로 마음먹고 대학원에 들어갔다. 그리고 얼마 후 다시 직장을 얻게 돼 학업을 중단했다. 하지만 그 회사 역시 얼마 안 가 그만뒀다. 내 경력에 금이 가기 시작했다."

세일즈에 입문하기 전의 내 삶은 결코 평탄치 않았다. 지금도 그 시절을 생각하면 가슴이 답답해진다. 당시 나는 많은 직업 중에서 세일즈를 가장 경멸했다. 그 경멸하고 무시하던 일에 자진해서 뛰어들게 된 데는 말 못할 사연이 있었다.

한국에서 고등학교까지 졸업하고 **19**세에 미국으로 건너가 조지메이슨대학에서 정치학을 공부했다. 그 시절 한국 유학생들은 대부분 수

학과 컴퓨터, 경제학을 공부하거나 음대나 미대에 몰려 있었다. 정치학을 공부하는 한국 학생은 내가 유일했다. 나는 매일 아침 7시 30분에 학교에 도착해 하루 종일 도서관에 틀어박혀 점심도 거르고 밤늦게까지 공부했다. 매주 논문을 쓰고 교수와 학생들 앞에서 발표를 해야 했기에 영어가 서툰 나는 남들보다 몇 배나 더 열심히 공부해야 했다.

오빠와 함께 지낼 아파트를 얻기까지 1년 가까이 친척집을 전전하며 간신히 생계를 해결했다. 학교 구내식당에도 한번도 가지 않았다. 한여름의 찌는 더위를 음료 자판기 앞에서 시원한 콜라를 꺼내먹는 내 모습을 상상하며 견뎠다.

그러던 내게 뜻밖에도 한 베트남 여학생이 공부하면서 돈을 벌 수 있는 방법을 알려줬다. 지금도 나는 그녀를 하나님이 보내주신 천사라고 생각한다. 그녀는 내가 공부하던 도서관의 사서로 일하고 있었다. 그녀가 먼저 내게 말을 걸었다. 상냥한 미소를 지으며 이것저것 물어보는 그녀에게 "나는 네가 부러워. 영어도 잘하고 학교에서 일하면서 공부하니까 말이야"라고 말했더니, 그 여학생이 커다란 눈을 더 크게 뜨며 "너도 그렇게 할 수 있어" 하는 것이 아닌가.

그녀는 내게 장학금 및 주정부 보조금 신청서와 함께 교내에서 일자리를 구하는 데 필요한 서류를 가져다줬다. 그녀의 도움을 받아 나는 필요한 서류를 제출하고 도서관에서 일하게 됐다. 좋은 성적을 유지하면 학비를 전액 지원받을 수 있고, 게다가 도서관에서 공부하면서 용돈도 벌 수 있다니 나는 꿈만 같았다.

그렇게 힘들게 공부한 결과 나는 대학을 4년 만에 우등으로 졸업했다. 남들은 보통 2년이 걸린다는 어학 과정을 6개월 만에 끝내고 3년 반만에 졸업한 것이다. 그 후 조지메이슨대학에서는 나의 '조기 졸업' 사례가 계속 유학생들의 입에 오르내렸다고 한다.

졸업하고 나면 곧바로 취직할 수 있을 줄 알았는데 제대로 된 직장을 구하는 것은 하늘의 별 따기였다. 여기저기 닥치는 대로 이력서를 냈지만 면접 보러 오라는 곳은 거의 없었다. 그러다가 우연히 워싱턴에 위치한 기독교 라디오 방송국에서 일할 기회를 얻었다. 그곳에서 내가 한 일은 매시간 정각을 알리는 회사 로고를 내보내는 것이었다. 나머지 시간에는 설교말씀 테이프를 녹음했다. 아침 6시 뉴스를 준비하기 위해 새벽 5시까지 출근해야 했다. 폭설로 눈이 무릎까지 쌓인 날에 새벽 4시에 집을 나서 출근한 적도 있었다. 한참 동안 자동차를 운전하고 가다 보니 고속도로 위에는 내 차밖에 없었다.

당시 내가 받은 월급은 **80**만 원으로 최저 임금 수준이었다. 그래도 나는 방송이 신기하고 재미있어 묵묵히 참으며 정식으로 방송할 수 있는 기회를 엿보았다. 그 방송국은 프로그램이 없는 시간이면 줄곧 찬송가를 틀었다. 나는 사장에게 허락을 받아 그 시간에 간간이 뉴스를 전하고 **DJ**가 돼 복음성가를 틀어주었는데 애청자들로부터 방송이 재미있어 졌다는 칭찬을 받았다. 그런데 고정 뉴스를 맡고 있는 아나운서 선배가 그런 나를 눈엣가시처럼 여기고 괴롭히기 시작했다. 폭설도 이겨낸 내가 선배의 등쌀에 못 이겨 결국 직장을 그만두고 말았다.

정치학 전공을 살려 구할 수 있는 직장은 거의 없었다. 가끔 신문에 정부기관의 구인광고가 나긴 했지만 그런 일자리들은 대부분 알음알음으로 채용하거나 또는 컴퓨터나 회계학 같은 특수 지식을 요구했다. 마땅한 자리를 찾지 못하고 방황하던 나는 공부를 더 하기로 마음먹고 대학원에 들어갔다. 그리고 얼마 후 다시 직장을 얻게 돼 학업을 중단했다. 하지만 그 회사 역시 얼마 안 가 그만뒀다. 내 경력에 금이 가기 시작했다.

그 후 한국에서 취업을 하기도 했으나 거기서도 여러 가지 사건이 생겼다. 그런 와중에 남자친구(지금의 남편)가 '더 이상 기다릴 수 없으니 미국으로 돌아와 자신과 결혼할 것인지 아니면 혼자 한국에 머물 것인지 선택하라'고 다그쳤다. 나는 직장을 구하는 일을 잠시 보류하고 미국으로 와 남편과 결혼을 했다.

결혼 후에도 직장은 여전히 큰 고민거리였다. 결혼 전과 차이가 있다면 그 부담이 훨씬 더 커졌다는 것뿐이었다. 남편의 박봉으로는 다달이 지불해야 하는 주택융자금과 자동차할부금을 충당하기에도 빠듯했다. 게다가 남편이 근무하는 회사는 직원들을 너무 혹사시켜 정신병에 걸린 직원도 있을 정도였다. 하루 종일 컴퓨터에 매달려 일하는 남편은 두통약을 달고 살았다. 집에서도 말수가 줄고 자주 화를 냈다. 밤에 잘 때는 악몽을 꾸는지 늘 땀으로 베개가 흥건하게 젖었다. 그런 남편을 시켜보는 것은 큰 고통이었고 아무것도 할 수 없는 내가 답답했다.

나는 다시 직장을 구하기로 마음먹었다. '자아실현'이니 '성공'이니 하는 추상적인 이유는 전혀 고려 대상이 아니었다. 내가 취직해 돈을 버는 것만이 우리 가족이 살 수 있는 길이었다. 당시의 나는 앞뒤 재고 좌우 따질 여유가 없었다. 매일 아침 몇 시간씩 기도했다. 지난 **20**년간 매일 기도를 해왔지만 그때같이 간절했던 적은 없었다. 도대체 무엇이 잘못됐기에 한 직장에서 일 년도 버티지 못하고 그만두는 상황이 반복

됐는가. 아무리 생각해봐도 그 이유를 알 수 없었다.

훗날 교회에서 우연히 대학 동기 언니를 만났는데 그 언니가 내게 이런 말을 했다.

"Arrow야, 나는 늘 네가 열심히 공부해서 나중에 어떤 사람이 될지 궁금했는데, 자동차 세일즈를 하고 있으리라고는 상상도 못했어."

아이 셋을 낳고 뒤늦게 공부를 시작한 그녀에게 한때 전도유망해 보였던 내가 세일즈를 하는 것이 이해가 되지 않았던 것이다. 나는 웃으며 이렇게 말했다.

"언니가 아직 모르는구나. 자동차 세일즈야말로 내가 가장 오래 견뎌낸 일이야."

자동차 세일즈를 시작하고 나는 대학 교육을 통해 얻을 수 없었던 기회를 얻었다. 내게는 대학에서 배운 지식을 모두 합친 것보다 세일즈를 하면서 몇 달 만에 배운 것이 사람들을 이해하는 데 훨씬 도움이 됐다.

내가 대학에서 정치학을 공부하며 탁상공론에 빠져 있을 때 세일즈 동료들은 대부분 고등학교를 졸업하고 차를 닦는 일부터 시작했다. 내가 또한 수많은 교과서를 통해 '정치는 곧 힘겨루기다'라는 사실을 배울 때, 동료들은 '상사를 내 편으로 만드는 방법'을 익혔다. 내가 '많은 사람의 이해관계를 절충해 합의점을 찾아내는 법'에 관한 리포트를 작성할 동안, 그들은 손님을 설득해 거래를 성사시키고 돈을 벌었다. 내가 그들보다 유리한 점이 있다면, 나는 대학 졸업장이 필요한 직장에 지원할 수 있지만 그들은 그렇지 않다는 사실뿐이다.

"세상은 넓고 할 일은 많다"고 했다. 하지만 "세상은 넓고 할 일도 많은데 기회가 없다"면 그처럼 기운 빠지는 일이 또 있을까. 우리는 좀더 좋은 기회를 얻기 위해 교육을 받는다. 그런데 열심히 교육을 받으며 핑크빛 미래를 꿈꾸는 동안 어떤 이들은 더 좋은 기회를 얻는 데 필요한 인맥을 쌓는다. 그리고 시간이 지난 후에 돌아보면 이렇듯 영리하게 자기 앞길을 준비한 사람들이 높은 연봉을 받으며 권력을 누린다.

한참 후에야 세상 돌아가는 이치를 알게 된 나는, 세일즈를 하면서 내가 그동안 얼마나 비현실적으로 사람들을 봐왔는지 깨닫고 크게 반성했다. 그리고 잘못된 내 자아상도 수정했다. 간혹 주위에서 내게 "마음이 곱던 사람이 세상 풍파에 시달려 거칠어졌다"고 말해도 한 가지는 분명하게 말할 수 있었다.

예전의 내 방식, 즉 동요하지 않고 꾸준히 노력하는 데서 한 걸음 더 나아가 남보다 뛰어난 점 찾기, 도움이 필요할 때 자신 있게 요청하기, 거절당하는 것을 두려워하지 않고 계속 두드리기, 아무나 믿고 따르지 않고 내 길을 스스로 개척하기 등 적극적인 자세를 갖게 됐다. 이는 세일즈를 통해 이루어진 긍정적인 변화다. 이런 자세로 직장을 찾고 일한다면 어디에서 일하든 승승장구할 수 있을 것이다.

울지 마, Arrow

"열심히 살아야 한다는 일념으로 앞만 보고 달리다가 그런 말을 들으니
갑자기 내 처지와 뱃속의 아이가 너무 가엾다는 생각이 들어
화장실에서 한참을 울었다.
그 후 나는 어렵게 얻은 그 직장을 그만뒀다. 속이 다 후련했다."

1997년에 결혼해 두 아이를 낳았다. 정신적으로 힘들었던 그 시절 나의 가장 큰 고민은 아이들을 잘 키우는 것이 아니었다. 결혼하고 5년 동안 내 기도 제목은 줄곧 '제대로 된 직장 구하기'였다. 당시 내가 했던 일만 해도 몬테소리 유치원 보모부터 웨딩 코디네이터, 부동산 융자업자, 컴퓨터회사 마케터, 다단계 판매원, 정부 계약직, 전화 설문조사원까지 족히 열 가지는 넘는다. 세상살이가 힘들다고 하지만 이렇게 힘들까 싶은 적이 한두 번이 아니었다. 그래도 나는 새로운 일을 시작할

때마다 획기적이고 참신한 아이디어로 인정받겠다는 각오로 남보다 더 열심히 일했다.

몬테소리 유치원 보모로 일할 때였다. 형편없이 적은 월급을 받으면서도 나는 동료들보다 학력이 월등히 높으니 나중에 꼭 선생님으로 진급할 수 있을 것이라는 희망을 가졌다. 보모는 흑인과 스페인계가 대부분이었고, 정식 선생님은 백인 여성들과 한 명의 한국 여성으로 이뤄져 있었다.

한국인이라는 이유로 나는 그 한국인 여성 반에 배치됐는데 나보다 두 살 어린 그녀는 내게 구두를 신으라고 했다. 만삭이 다 돼 발이 붓기 시작한 나는 의사가 편한 신발을 신으라고 했다고 양해를 구했다. 하지만 그녀는 학교 규정이라며 "조금 큰 구두를 신으면 될 것 아니냐"고 퉁명스럽게 말했다. 얼마 있으면 아이가 태어나 부종이 가라앉을 것이므로 나는 구두를 사지 않고 몇 달 동안 발에 꽉 끼는 구두를 신고 다녔다.

점심으로는 집에서 싸온 딸기잼 바른 식빵을 먹었다. 그 시간이 내게는 유일한 자유 시간이자 달콤한 위로였다. 어느 날, 한 흑인 보모가 매일 똑같은 식빵을 싸오는 나를 보고 "임신부가 그렇게 부실하게 끼니를 때우면 어떻게 하느냐"고 걱정스럽게 말했다. 열심히 살아야 한다는 일념으로 앞만 보고 달리다가 그런 말을 들으니 갑자기 내 처지와 뱃속의 아이가 너무 가엾게 느껴져 화장실에서 한참을 울었다. 그 후 나는 어렵게 얻은 그 직장을 그만뒀다. 속이 다 후련했다.

둘째아이를 임신해서는 웨딩사업에 뛰어들었다. 내 결혼식 앨범을 보고 사람들이 나처럼 예쁜 결혼식을 하고 싶다고 말하는 것을 듣고 열심히 웨딩 분야를 공부했다. 답사도 다니고 사전 조사도 했다. 짧은 기간이지만 한국에 가서 신부화장도 배웠다. 한복 거래처도 확보했다. 그리고 아무런 노하우도 없이 보고 들은 것을 바탕으로 광고를 했다. 그것을 보고 사람들이 연락을 해오기 시작했다.

웨딩사업을 하면서 가장 어려웠던 것은 수금이다. 신부와 정해진 비용으로 계약하고 나면 꼭 결혼식 날 추가 비용이 발생했다. 신부 어머니와 언니, 동생, 시어머니, 들러리 등이 자신들의 화장도 봐달라고 부탁하는 경우가 많았는데 경험이 많지 않던 나는 그 비용을 누구에게 청구해야 할지 몰라 난감했다. 신부는 "계약서에 명시되지 않은 비용은 지불할 수 없다"고 하고 신랑은 신랑대로 나 몰라라 하는 식이었다.

그때마다 나는 사람들이 떠나고 텅 빈 식장에서 무거운 신부화장

가방과 소품들을 정리하면서 "**Arrow**야, 울지 마. 울지 마" 하고 스스로를 다독였다.

큰아이가 5살, 작은아이가 3살이 되자 나는 아이들을 어린이집에 맡기고 정식 직장을 찾아다녔다. 더 이상 지역의 한인신문에 의존하지 않기로 결심했다. 그곳에 구인광고를 낸 업체들은 대부분 제대로 된 회사가 아님을 알았기 때문이다. 나는 영역을 넓혀 워싱턴디시에 있는 공공기관과 정부에서 운영하는 한국 방송국들을 찾아다녔다. 미국 시민권자이고 영어와 한국어를 유창하게 구사할 수 있는 나는 내 학력과 다양한 경력이면 충분히 가능성이 있다고 생각했다.

그해 9월, 나는 때마침 미국을 방문한 친정아버지와 함께 정부 청사에 위치한 한국 방송국을 방문했다. 내가 볼일을 보는 동안 아버지는 인근 스타벅스 커피숍에서 나를 기다리셨다. 일자리를 구한다는 내게 미정부 소속 한국인 방송국장이 11월쯤 자리가 날 것 같다는 반가운 소식을 전해줬다. 그런데 시험을 통과해야 한다고 해서 나는 그날 바로 시험을 치렀다. 단번에 1차 시험에 합격하고 2차 시험 날짜가 정해졌다. 2차 오디오 시험과 3차 면접까지 통과하고 11월 첫째 주부터 출근하라는 통보를 받았다.

정식 직원을 뽑을 계획이 없었는데 나를 채용한 것이 문제가 될 수 있으므로 형식상 계약직으로 해두고 차차 정식 직원이 되는 수순을 밟자고 했다. 당시 나는 이것저것 따질 입장이 아니었기에 흔쾌히 수락했다. 제대로 된 직장을 구했다는 사실이 중요했던 나는 흥분을 감출 수 없었다.

아버지는 나를 고용해준 한국인 국장이 인재를 알아보는 눈이 있다며 고마워하셨다. 어머니는 "드디어 우리 딸이 미국 정부기관에 취직됐다"고 크게 기뻐하셨다. 다니던 직장을 그만두고 당시에 부동산업계에 뛰어든 남편도 정식 직장을 구한 나를 자랑스럽게 여겼다. 우리는 축하 파티를 열었고, 렉서스 중에서 제일 저렴한 모델로 차도 새로 뽑았다.

그때까지만 해도 정부기관은 평생직장이나 다름없었기 때문에 내 미래는 보장된 것처럼 보였다.

신나게 팡파르를 울리며 출발했지만 그 직장에도 상상했던 바와는 전혀 다른 문제들이 있었다. 매일 아침 7시에 집을 나서 지하철역에 차를 세우고 여러 번 지하철을 갈아타고 워싱턴디시의 사무실에 도착하면 하면 9시가 다 됐다. 하루 4시간을 꼬박 출퇴근하는 데 투자해야 했던 것이다. 게다가 방송을 쉴 수는 없기에 남들이 쉬는 공휴일에도 출근했다. 나는 방송인이 아니라 웹페이지에 기사를 번역해 올리는 기술직인데도 추수감사절에서부터 크리스마스, 신년 연휴까지 하루도 빠지지 않고 출근했다.

새해 첫날에도 나는 아침 7시에 출근하기 위해 집을 나섰다. 죽음의 도시처럼 거리에는 아무도 없었다. 그 시간에 출근하기 위해 워싱턴 DC에 가는 사람은 나 혼자뿐이었다. 지하철역에 도착했는데 과연 열차가 올지 의문이었다. 인적 없는 텅 빈 역에 혼자 서 있으니 무서웠다. 얼마 후 멀리서부터 기차의 밝은 불빛이 다가왔다.

열차가 서자 나는 안을 살폈다. 어떤 칸에 중국인처럼 보이는 젊은 여성이 앉아 있었다. 나는 안도의 한숨을 내쉬며 그 칸으로 갔다. 처음 보는 사람인데도 오래된 친구인양 그렇게 반가울 수가 없었다. 나는 그녀에게 말을 걸었다. 어디까지 가느냐고 물었더니 워싱턴디시로 간다고 했다. 그녀 역시 계약직 사원이었다. 30분 동안 이런저런 얘기를 한 뒤, 그녀는 이런 날 이런 시간에 출근해야 하는 임시직 생활을 조만간 청산할 것이라고 힘주어 말했다.

내가 나와 같은 처지의 그녀를 위로하자 그녀는 내 눈을 똑바로 쳐다보면서 "당신과 나는 그 적은 돈을 받고도 이렇게 열심히 일하는데 어떤 사람들은 1년에 3개월을 놀면서 우리보다 다섯 배나 많은 돈을 받고 있어요. 그들과 우리가 무슨 차이가 있죠? 교육 수준이요? 아니면 경험? 헌신하는 정도? 그들도 우리처럼 국민의 세금으로 월급을 받고 있어요. 그런데 이렇게 차별당하는 것이 정말 화가 나지 않아요?"라고 말했다.

그 후 얼마 동안 그녀의 말이 귀에서 떠나지 않았다. 그러나 나는 매일매일 성실히 일했다. 1월이 끝나갈 무렵 휴가를 갔던 직원들이 하나둘씩 돌아오기 시작했다. 겨울 동안 한국에 다녀온 사람도 있었다. 전부터 그곳에서 일하던 한국인 정규직 직원들이 돌아오자, 나를 고용했던 한국인 국장이 나를 불러 내일부터 출근할 필요 없다고 말했다.

나는 그제야 상황이 어떻게 돌아가고 있는지 알아차렸다. 회사는 그들이 휴가 간 몇 달 동안 일할 사람으로 나를 고용한 것이었다. 나는 그곳에서 계속 일하게 해달라고 눈물로 간청했다. 그리고 2주 동안 정부 청사에서 이 부서 저 부서를 기웃거리며 일할 만한 곳을 찾아봤지만 아무도 내게 손을 내밀지 않았다. 나는 한국 직원들이 내 자리를 지켜줄지도 모른다는 생각에 마주칠 때마다 정성을 다했지만 도와주는 이는 아무도 없었다.

그런 나를 안타깝게 지켜보던 한 미국인 직원이 일자리를 추천해 줬다. 그는 정부 관련 연구기관이라며 그날 저녁에 찾아가도 바로 일을 시작할 수 있을 거라고 말했다. 나는 너무 기쁜 나머지 자세히 알아보지도 않고 감사를 표했다.

하지만 퇴근길에 부푼 마음으로 찾아간 연구기관이라는 곳은 기대와는 달리 설문조사를 하는 곳이었다. 다양한 인종들의 의료보험 혜택 실태를 파악하기 위해 미국 정부에서 운영하는 곳으로, 내 역할은 설문 도우미였다. 서부지역 시간에 맞춰 저녁시간에 일을 시작해 밤 12시에 끝났다. 그것도 2주 동안만 하는 단기 계약직이었다.

보수는 시간당 몇천 원 수준이었다. 아침 7시에 출근해 식사라고는 낮에 컵라면을 먹는 것이 고작이었다. 그렇게 밤 12시까지 일하고 집에 돌아오면 녹초가 됐다. 그런 나를 지켜보며 남편이 눈시울을 붉히기도 했다. 지금 생각해보면 그 2주 동안 마음을 단련시켰던 것이 세일즈에 입문하기 위한 마지막 훈련이었던 것 같다.

그런 일자리라도 잃지 않으려고 발버둥을 쳤지만 2주는 빠르게 지나갔다. 마지막 퇴근길에 어떻게 지하철을 타고 집에 돌아왔는지 기억나지 않을 정도로 마음으로 뜨거운 눈물을 흘리고 또 흘렸다. 눈물을 너무 참으면 코가 빨개지고 눈이 붓는다는 사실을 그때 알았다. 나는 스스로를 위로하기 위해 애썼다.

"울지 마, 괜찮아, **Arrow M!**"

나는 지금도 그 시절을 생생하게 기억한다. 타국에서 주먹을 불끈 쥐고 올바른 길을 가려는 내게 몰아친 시련은 감당하기 어려운 것이었다. 하나님께서 왜 내게 이런 시련을 주시나 하고 야속해했던 적도 많다. 내가 힘없고 약하기 때문에 주위 사람들로부터 받은 수많은 상처와 비웃음은 내게 큰 생채기를 남기고 나를 넘어뜨렸지만 그때마다 나는 다시 일어났다. 어떤 환난이 낙지더라도 절대 내 영혼의 불길이 꺼지거나 소멸되는 일은 없을 것이라 믿었다. 아니 그러리라 다짐했다.

'다가오라, 시련아. 환난의 폭풍아. 나는 더 이상 너를 두려워하지 않을 것이다. 내게는 나를 지켜주시는 하나님이 계시고, 너희들이 어찌 할 수 없는 굳건한 믿음이 있다.'

일과 가정 사이에서
미래를 고민하다

"가족, 어떤 희생을 치르더라도 지켜주고 싶은 사람들,
특히 내 아이들이 엄마의 손길을 필요로 하고 있었다.
'어떻게 얻은 직장인데. 그리고 내 손님들은 어떻게 할 것인가?' 이 점을 생각하면
집 근처에 새로 오픈하는 판매점으로 옮기는 것은 모험이나 다름없었다."

내가 자동차 세일즈를 시작한 곳은 미 동부지역에서 손꼽히는 버지니아 지역의 부촌 도심지 한가운데 위치해 있었다. 이 판매점은 워싱턴디시에서 15분 정도 떨어진 북부 버지니아에 있었지만 메릴랜드 주에서 오는 손님도 많았다. 나는 그곳에 취직하자마자 아시아계 손님을 유치하는 데 성공했고, 그 중 상당수가 한국 손님들이었다.

판매점에서는 'Arrow M'이라는 이름을 알리기 위해 주요 신문에 광고를

하기 시작했다. 그 광고를 보고 워싱턴 일대에 사는 한국인들도 문의를 해왔다. 신문에 광고한 뒤 몇 달 동안 한국 손님의 비율이 빠르게 성장했다. 광고 효과가 나타나기 시작하자 판매점에서는 한국인을 타깃으로 한 광고 예산을 더욱 늘렸다. 나는 일이 고되고 힘들 때마다 회사가 나를 위해 쓰는 광고비를 생각하며 긍정적인 마음을 가지려 애썼다.

동료 세일즈맨들 중에는 이런 나를 시기하는 사람도 있었다. 한번은 매니저 책상에 가격 결재를 받기 위해 놓아뒀던 서류가 갑자기 없어졌다. 손님들이 실망해 떠나버린 뒤 서류들을 다시 가져다놓은 것을 발견했다. 벤츠 두 대를 판매할 수 있는 기회가 순식간에 날아가버렸다. 남의 거래를 방해하기 위해 그런 짓까지 하다니 기가 막혔다. 그 일이 있은 후로 나는 가까운 동료들조차 조심하는 버릇이 생겼다.

나를 눈엣가시처럼 생각하는 동료도 있었다. 다른 동료들의 말에 의하면 내가 입사하기 전에는 그 백인 남자가 늘 판매점에서 1등을 했다고 한다. 오랫동안 판매점에서 일한 덕택에 그는 누군가가 판매점을 떠나면 그 세일즈맨의 손님들을 자기 손님으로 귀속시키도록 판매점과 계약을 맺고 있었다. 재구매 손님은 신규 손님보다 거래를 성사시키기

가 쉽고 또 신상 정보를 알고 있으니 구입 패턴도 파악할 수 있다.

반면 내 손님은 모두 신규 손님이니 판매점 측에서는 신날 수밖에 없었다. 자동차 판매 실적은 물론 나로 인해 서비스 손님들도 늘어났기 때문이다. 판매점에서는 다른 세일즈맨들에게 "**Arrow**처럼 일하라"고 얘기했다. 상황이 이렇게 흘러가자 그 백인 남자는 나를 '트러블 메이커 **trouble maker**'라 부르며 노골적으로 싫은 내색을 했다.

그러던 어느 날, 바로 그 백인 남자가 다가와 몹시 솔깃한 얘기를 해줬다. 내가 살고 있는 바로 인근 동네에 엄청난 규모의 벤츠 판매점이 생긴다는 것이었다. 그 판매점은 자동차 업계에서도 평판이 좋은 회사로, 직원들에게 좋은 근무 환경을 마련해주고 높은 커미션을 주는 것으로 유명하다고 했다.

순진한 나는 신나서 곧바로 남편에게 전화했다. 내 얘기를 한참 듣던 남편은, 우리가 사는 동네는 중산층들이 사는 곳인데 누가 그런 명품차를 구입하겠냐고 했다. 듣고 보니 그랬다. 서울 강남에서 벤츠를 판매하는 것과 수도권 외곽의 소도시에서 벤츠를 판매하는 것은 분명 다를것 아닌가. 남편은 내게 다른 사람의 얘기에 현혹되지 말고 현재의 판매점에서 감사한 마음으로 일하라고 충고했다.

드림 러쉬

남편의 충고를 받아들여 나는 다시 마음을 가다듬고 세일즈에 전념했다. 하지만 집과 판매점의 거리가 멀어서 불편한 점이 한두 가지가 아니었다. 우선 평상시에 자동차로 40분이 걸리는 거리가 출퇴근 시간만 되면 2시간도 넘게 걸렸다. 미국에서는 부모가 약속한 시간에 아이를 데리러가지 못하면 벌금을 물거나 선생님이 아이들을 두고 퇴근해버린다. 또 퇴근하고 있는데 손님이 판매점으로 오고 있다고 하면 다시 돌아가야 할지 가던 길을 계속 가야 할지 난감했다. 아침에 아이들을 학교에 데려다주고 출근하느라 지각하는 경우도 많았다.

반면 경제적인 문제는 점차 안정됐다. 차를 많이 팔수록 수입도 늘어저축도 할 수 있었다. 예전에는 생활고에 시달려 거들떠보지 못한 부분에도 신경 쓸 여유가 생겼다. 차도 벤츠로 새로 뽑았다. 남편도 부동산을 접고 새로 좋은 직장에 취직했다. 표면적으로는 모든 문제가 해결된 것처럼 보였다. 그러나 사람이 살아가는 데 돈이 전부는 아니었다.

가족, 어떤 희생을 치르더라도 지켜주고 싶은 사람들, 특히 내 아이들이 엄마의 손길을 필요로 하고 있었다. '어떻게 얻은 직장인데...... 그리고 내 손님들은 어떻게 할 것인가?' 이 점을 생각하면 집 근처에 새로 오픈하는 판매점으로 옮기는 것은 모험이나 다름없었다. 또 좋은 직장을 포기하는 것 같아 차마 발길이 떨어지지 않았다. 나를 사랑하고 아끼는 사람들은 모두 만류했다.

나를 고용한 상사와 회사에 대한 의리도 저버릴 수 없었다. 그는 세일즈 경험이 전혀 없는 나를 고용해줬을 뿐만 아니라 동료들의 항의에도 불구하고 일을 잘한다고 나를 주인공으로 한 광고까지 내줬다. 나는 그의 기대에 부응할 의무가 있었다. 면접 때 "나를 고용하면 절대 후회하지 않을 것입니다"라고 말했던 것이 떠올랐다. 내가 스스로 한 약속을 어기고 경쟁사로 옮긴다면 얼마나 몰상식한 일인가. 이런저런 생각으로 머리가 복잡해 일에 집중할 수 없었다.

나는 일과 가정 중에 누가 먼저인지, 무엇이 중요한지 우선순위를 정해야 했다. 잘 되는 것을 포기하고 새로 시작하는 것은 어리석은 일이다. 잘되는 것은 그대로 두고 부족한 것을 보완하는 것이 마땅하다. 더구나 입사한 지 1년도 채 안 돼 능력을 인정해준 직장을 그만두는 것은 상식에 어긋나는 일이다. 정 불편하면 직장 근처로 이사를 간다거나 하는 차선책을 선택할 수도 있다.

고민 끝에 나는 집에 상주하는 도우미 아주머니를 고용해 아이들과 집안일을 맡겼다. 한동안은 별 탈 없이 일에 집중할 수 있었다. 그런데 나날이 아이들의 표정이 어두워졌다. 하루는 퇴근을 앞당겨 대낮에 집에 들어갔다. 쌀쌀한 늦가을인데 도우미 아주머니는 오줌을 싼 작은 아이에게 옷도 입히지 않은 채로 "빨래를 해야 한다"며 소리를 지르고, 아기는 벗은 몸으로 눈물과 콧물이 뒤범벅되어 애처롭게 울고 있었다. 그 광경을 목격한 나는 얼른 작은 아이를 안아주면서 "엄마가 미안하다"고 말하고 따뜻한 물에 아이의 몸을 녹여 주었다. 그리고 아주머니를 해고한 뒤 망설임 없이 집에서 가까운 판매점으로 옮기기로 결심했다.

나는 당장 옮기려는 판매점의 본사를 방문했다. 그 회사의 본점 총괄매니저는 내가 누구인지 알아보고 "자기네 판매점으로 오면 바로 일할 수 있도록 해주겠다"며 호들갑을 떨었다. 그러나 나는 새로 짓고 있는 집에서 가까운 거리에 새로이 오픈하는 판매점이 아니면 안 된다고 말하고 자리를 떴다. 곧바로 신생 판매점에서 연락이 왔다. 나는 공사가 끝나가는 새 판매점을 방문했다. 썩 내키지는 않았지만 판매점 직원들과 인사를 나눴고 새 상사들은 나를 여왕처럼 환대했다. 그러나 여전히 무언가가 내 마음을 짓누르는 듯했다.

다음 날, 나는 일해오던 판매점의 상사에게 1주일 후 그만두겠다고 말했다. 그는 내가 장난치는 줄 알고 대수롭지 않게 넘겼다. 그리고 마지막 날, 나는 퇴근하는 판매점 사장에게 "그동안 여러 모로 고마웠습니다. 안녕히 계십시오"라고 인사했다. 사장은 발걸음을 멈추고 "Arrow, 난 너를 믿는다"라고 짧게 말하고 떠났다. 배은망덕하다고 혼내거나 화내지도 않고 그가 남긴 그 한마디가 가슴속 깊이 박혔다.

그 다음 날, 새로운 회사에 출근해 새로운 상사 및 동료들과 함께 판매점을 둘러보면서 어떻게 세일즈할지 의논하고 있을 때 예전 상사로부터 전화가 왔다. 그는 화가 잔뜩 나서 "도대체 어디에 있느냐? 당장 돌아와서 다시 얘기하자"고 했다. 내가 무슨 짓을 한 것인지 나 자신도 모르는 상황에서 그런 전화가 걸려오니 반갑기도 하고 한편으로 두렵기도 했다.

다시 그곳으로 돌아가려 하자 이번에는 새 판매점에서 나를 붙잡기 위해 연예인이나 스포츠선수에게 주어지는 '사이닝 보너스signing bonus'를 제시했다. 내가 함께 일하겠다고 사인하면 연봉 이외에 상당한 금액의 보너스를 지급하겠다는 것이다. 내 예전 월급 반년 치에 해당되는 거액이었다. 상황이 이렇게 전개되자 남편도 집에서 가까운 새 판매점 쪽으로 내 마음이 기우는 것을 이해해줬다.

정식으로 새로운 판매점으로 옮기고 나서도 나는 내 머릿속이 복잡해 세일즈에 전념하지 못했다. 그러던 어느 날 예전에 일하던 판매점의 상사가 내게 한번 찾아오라고 연락을 해왔다. 나는 무슨 일인가 싶어 그를 찾아갔다. 그는 파란 눈으로 나를 쳐다보면서 이렇게 말했다. "**Arrow**야, 너는 이제 돌아올 수 없어. 왜냐하면 내가 너를 해고했으니까."

한마디가 전부였다. 그 말을 하려고 나를 그렇게 먼 곳까지 부른 것인가 싶어 화가 나기도 했지만 나는 "알았습니다"라고 대답하고 발길을 돌렸다. 그제야 나는 마음을 다잡고 새 판매점에서 세일즈에 집중할 수 있었다. 지금 생각하면 예전 상사의 행동이 매우 고맙게 느껴진다. 나를 고용한 것도 고마웠지만 내 마음이 갈피를 잡지 못하고 갈팡질팡할 때 그가 결론을 내려준 셈이었다.

새로운 판매점에서는 이전보다 더 많은 광고 기회가 주어졌다. 근무 조건도 자유로워 집안일을 하다가 전화를 받고 판매점에 가서 차를 보여준 다음 다시 집에 와서 하던 일을 계속할 수 있었다. 아이들이 아프거나 일찍 데려와야 할 때에도 언제든지 **10**분 이내에 학교에 도착할 수 있었다. 나는 아이들을 위해 내가 해줄 수 있는 가장 큰 선물을 줬다.

내 작은 사무실만이 나의 세계다

"최고의 성과를 거두다가 실적이 조금만 떨어지면 회사의 대우도 하늘과 땅 차이로 달라졌다. 세일즈 슬럼프에 빠져 두어 달 실적이 저조하면 수입이 줄어들어 고민되는 것이 아니라 회사의 갑작스런 냉대와 험악한 분위기를 고민해야 했다."

2004년 10월에 동네의 신설 판매점으로 옮긴 후 지난 8년 동안 그 결정을 후회한 적도 많았다. 살다보면 중요한 결정을 내려야 할 때가 있다. 내가 미국에서 대학을 다닌 것은 자의반 타의반의 결정이었다. 그러나 그 후 미국에 살면서 끊임없이 내 스스로 결정하는 법을 배웠다. 도 대신 책임져줄 수 없는 내 인생을 위한 결정이었다. 주위의 조언을 받는다 해도 그 결정에 대한 책임은 결국 나 자신에게 있다. 그릇된 선택을 하면 10년을 돌아가거나 후퇴할 수 있으며, 더 나아가 모든 기회를 잃을 수도 있다.

내 인생에서 가장 중요한 결정은 남편과 결혼하기로 한 것이다. 그것은 지금까지 한 결정 중에서 가장 용기 있는 것이기도 하다. 그 다음이 예전 일하던 벤츠 판매점을 그만두로 동네의 신생 판매점으로 옮기기로 한 결정이다. 그런데 그것이 최선이었는지는 지금까지도 확신이 서지 않는다. 버지니아에서 7개월, 그 대부분은 내가 사는 메릴랜드에서 일했다. 그런데도 나는 그 오랜 직장이 내 회사 같지 않고 낯설게 느껴졌다.

주택이 밀집된 외곽에다 판매점을 연 이유는, 회사의 기존 판매점이 서비스 손님으로 포화 상태에 이르러 손님들의 불만이 폭주했기 때문이다. 다른 판매점들은 대게 자동차 판매점들이 옹기종기 밀집된 곳에 위치해 손님을 끌기 좋은 반면, 이 신생 판매점은 주로 서비스 손님들을 유치하기 위해 마련된 판매점이므로, 외곽의 주택가에다 자리를 잡았다. 처음 1년 동안은 하루 종일, 차를 구매하려는 목적으로 방문한 손님을 한 사람도 구경할 수 없는 날이 많았다. 지역이 번화해서 오가는 사람이 많았던 예전 판매점과 비교하면 기가 찰 노릇이었다.

그러나 나는 이에 굴하지 않고 적은 광고비로 최대의 광고 효과를 내기 위해 노력했다. 나는 내 예약 손님이 아니면 방문객들에게 인사조차 건네지 않았다. 기존의 거래했던 손님은 물론 광고 손님, 방문 손님, 전화 손님, 인터넷 손님 등 모든 손님을 나 혼자 상대할 수 없으니, 내 나름대로 판매 가능한 손님에 대한 원칙을 세워놓고 광고 인센티브가 전혀 없는 동료들에게 의도적으로 기회를 주었다.

마케팅 전략을 세우고 최소한의 예산 범위 내에서 가능한 모든 홍보 매체를 이용해 광고 효과를 극대화하기 위해 최선을 다했다. 나는 스스로 "최고는 최고만을 선택합니다"라든지 "경쟁하지 않습니다. 다만 리드할 뿐"과 같은 독자적인 광고 카피도 만들었다. 특이하게 다음과 같은 시적인 광고 문구를 집어넣어 광고한 적도 있었다.

초등학교 3학년 아이가 있었습니다.
삼성동의 한 웅장한 집 앞에 서 있는 멋지고 날렵한 까만색 차를 보았습니다.
동그라미 속 3개의 선이 햇살 속에서 반짝였습니다.
숨을 죽이며 한참을 쳐다보았습니다.

지나가던 행인이 그 소녀에게 말을 걸었습니다.

"그 차 이름은 벤츠야. 제일 싼 것도 한 장은 될 걸!"

소녀는 그 한 장이 얼마인지는 모르지만 적어도 무지무지 비싼 차라는 것은 알 수 있었습니다.

소녀는 이다음에 크면 그 차를 꼭 타겠다고 눈에 새겨두었습니다.

그리고 그 소녀는 자라서 그 차를 탈 뿐만 아니라 그 차를 판매하는 세일즈맨이 되었습니다.

세일즈를 하면서 저는 깨닫습니다.

제가 판매하는 것은 단순한 자동차가 아니라 사람들의 꿈속에 있는 삶의 가치라는 사실을.

사람들은 내 광고가 신선하다며 흥미를 보였고 나는 빠른 속도로 한인시장 점유율을 높여갔다. TV광고는 내가 직접 콘셉트를 만들어 전문 제작자들에게 의뢰했다. 그 중에는 내가 모델이 되어 두 손을 가운데로 모으면, 그 사이로 벤츠 마크가 선명히 떠오르고 내가 자신감에 찬 어조로 "최고는 최고만을 선택합니다"라고 웃으며 말하는 광고도 있었는데, 그 광고가 특히 반응이 좋았다. 서비스 손님들은 손을 모으고 내게 "아, 너무 재미있어요" 하면서 인사하기도 했다. 어떤 사람은, 그 집 작은 아이가 내 광고가 나올 때마다 하던 일을 멈추고 손을 가운데로 모은다고 했다. 나는 되도록 6개월마다 새로운 광고 문구나 이미지로 교체해 고객들이 싫증을 느끼지 않도록 했다.

세일즈 시장에서 내가 독특한 세일즈맨이 될 수 있었던 또 한 가지 이유는 지난 8년간 주요 신문에 꾸준히 칼럼을 썼기 때문이다. 미주판〈중앙일보〉와〈한국일보〉를 비롯한 주요 신문부터 작은 지역 신문에 까지 내 이름으로 칼럼을 써왔다.〈중앙일보〉에는 아예 6년 전부터 고정적으로 칼럼을 써왔는데 'Arrow M의 이민 이야기' 혹은 '커피 한 잔을 마시며'라는 제목으로 게재했다. 거의 매주 실린 내 글을 스크랩하는 사람도 있었다.

내가 일하던 벤츠 판매점의 중고차 매니저가 말하기를, 한번은 한국 사람을 만났는데 "Arrow와 함께 일한다"고 했더니 그 사람이 너무 반가워 하더란다. 그래서 "Arrow를 어떻게 아느냐?"고 물었더니 "그 사람은 유명한 칼럼니스트라서 한인들 사이에서 모르는 사람이 거의 없다"고 대답했다고 한다. 동료는 자신이 유명인과 일한다는 생각에 기분이 좋았다고 했다. 그러면서 그는 회사 사장에게도 그같은 이야기를 전했다고 했다.

그러나 나는 칼럼을 쓰는 것에 대해 어떤 금전적인 대가도 받지 않았다. 회사에서는 내가 시간 날 때마다 글을 쓰는 것을 마케팅의 일환으로 여기고 참견하지 않았을 뿐이다.

카피 문구 작성, 각종 홍보물 디자인, 칼럼 쓰기, TV 광고 기획, 라디오 광고 녹음 등 회사를 위해 내가 한 일은 셀 수 없이 많다. 심지어 라디오 광고를 제작할 때는 비용을 절약하기 위해 성우를 쓰지 않고 내가 직접 녹음하기도 했다. 라디오 관계자들은 전문 성우보다 목소리가 더 좋다면서 다른 광고까지 녹음해달라고 부탁했다. 방송국에서 잠시 일했던 경험이 이렇게 쓰이게 될 줄은 몰랐다. 게다가 내 손님 중에는 동네 사람들은 거의 없고 70퍼센트 이상이 다른 주에서 찾아온 사람들이어서 판매점에서는 나를 '회사의 보물company asset'이라 불렀다.

집에서 가까운 직장에서 일하면서 넉넉한 수입을 얻으니 표면적으로는 아무런 문제도 없어 보였다. 그러나 초창기 멤버인 나와 판매점 사이에는 긴장감이 흘렀다. 나는 처음부터 매니저 자리를 지원했다. 그러나 회사 측에서는, 내가 자동차업계에서 일한 경력이 짧아서 당장은 곤란하지만 세일즈를 잘하면 자리를 마련해주겠다고 약속했다.

그렇게 몇 년이 지났다. **2006**년과 **2007**년에는 벤츠에서 주는 탑 세일즈 상을 포함해 여러 상을 받았다. 그런데도 8년 가까이 판매점은 나와 한 약속을 지키지 않았다. 내가 하는 업무는 나 혼자만을 위한 세일즈가 아니라 회사 전체를 위한 홍보였으므로 그에 대한 공로를 인정해주는 것이 당연했다. 그런데 그들은 보상은 고사하고 오히려 다른 판매점에서 여러 명의 매니저를 영입하고 초창기 멤버이자 일등 공신인 내게는 전혀 기회를 주지 않았다.

더욱 심각한 문제는 내 직속 매니저와의 갈등이었다. 나를 믿고 멀리서 찾아온 손님 앞에서 그는 나를 함부로 대했다. '가격 조정이 뭐 이따위냐' 하는 식으로 손님 앞에서 나를 혼냈다. 세일즈맨이 손님 앞에서 상사에게 혼나면 손님은 죄책감을 느끼게 마련이다. 실제로 어떤 손님은 미안하다며 돈을 더 내겠다고 하기도 했고, 어떤 손님은 화를 내며 가버리기도 했다. 나는 그의 그런 행동들이 마음에 들지 않았지만 묵인하고 지나갔다.

그러나 날이 갈수록 그의 못된 버릇은 고쳐지기는커녕 더욱 심해졌다. 참다못해 사장에게 말하면 "내가 알아듣게 얘기할 테니 신경 쓰지 마라" 하는 식이었다. 그때마다 나는 '매니저 약속'을 언급했고 그는 못들은 척 딴청을 부렸다.

벤츠 세일즈를 시작하기 전에 다양한 경험을 해보지 않았더라면 일년도 못 가서 세일즈를 그만뒀을 것이다. 최고의 성과를 거두다가 실적이 조금만 떨어지면 회사의 대우가 하늘과 땅 차이로 달라졌다. 슬럼프에 빠져 두어 달 실적이 저조하면 수입이 줄어들어 고민되는 것이 아니라 회사의 갑작스런 냉대와 험악한 분위기를 고민해야 했다. 내가 슬럼프에 빠질 때마다 세일즈 매니저는 나로 인해 자신의 실적이 떨어졌다고 화를 냈다. 그러면 평소 얌전했던 다른 직원들마저 그간의 나에 대한 질투와 시기를 한꺼번에 드러내며 나를 함부로 대한다. 그때마다 '왕따'가 따로 없다는 생각이 든다.

특히 출입문 옆에 앉아서 판매점을 방문하는 손님들을 맞이하고 걸려오는 전화를 연결하는 여직원은, 내게 슬럼프가 찾아오면 물 만난 고기처럼 아예 내 상사 노릇을 한다. 예를 들면 출근 시간이 늦다며 짜증을 내는 것은 물론, 5분 간격으로 내 휴대전화에 전화를 건다. 손님과 상담하고 있는 중이라 말해도, 손님이 눈살을 찌푸리며 판매점을 나서 전까지 계속 장난 전화를 걸어댄다. 제발 그러지 말라고 사정했지만 소용이 없었다.

그 모든 것이 미국 자동차 판매점의 문화라는 것을 최근에야 알았다. 다른 직장이라면 도저히 용납할 수 없는 일들이 자동차 판매점에서는 공공연하게 일어나는 이유는, 적은 숫자의 관리자들이 여러 명의 세일즈맨을 통제해야 하기 때문이다. 내가 조치를 취해줄 것을 요구할 때마다 그들이 전달하는 메시지는 분명했다. '억울하면 차를 더 팔라'는 것이었다.

세일즈를 시작하기 전에 나는 성공적인 세일즈 방법을 소개하는 책을 많이 읽었다. 그 책들을 쓴 저자들은 지금 어떤 일을 하고 있는지 궁금하다. 그들의 세일즈 공식대로 엄청난 부를 쌓고 사람들에게 인정을 받으며 세일즈를 계속하고 있는 이들이 과연 몇이나 될까? 실제로 세일즈의 세계를 경험해보고 그런 책을 썼을까? 혹시 존재하지도 않는 세일즈 환상을 만들어낸 것은 아닐까? 의도적으로 세일즈의 밝은 면만 부각하는 말을 늘어놓은 것은 아닐까? 나는 세일즈에 대해 환상을 심어주는 것이 싫었다. 내가 몸담고 있는 세일즈 세계를 있는 그대로 보여주고 싶었다.

여성이 나 혼자뿐인 세일즈 회사에서 항상 당당한 모습으로 최고의 자리를 지키기 위해 노력하는 것은 쉬운 일이 아니었다. 우리 판매점에서 두어 명의 백인 여성이 일한 적이 있는데 둘 다 1년도 안 돼 해고당하고 말았다.

첫 번째 여성은 벤츠 세일즈 경력이 15년도 넘는 50대 중반의 베테랑이었다. 그녀는 예전 벤츠 판매점에서 15년 동안 최고의 세일즈 성적을 유지했으므로, 그녀와 거래한 고객들만 해도 엄청난 숫자일 것이라는 계산 하에 판매점은 그녀를 영입했다. 그런데 얼마 지나지 않아 그녀는 부진한 실적과 회사 내에서 이런저런 갈등을 일으켰다는 이유로 경고를 받았다. 그녀 또한 판매점의 부당한 대우에 항의했다. 판매점은 그녀를 가차 없이 해고했다. 그녀는 신설 경쟁사로 옮긴 데 대한 비판적인 시각 때문에 다른 판매점으로 옮겨가기도 어려운 상황이었다. 그녀는 울먹이면서 내게, 사람을 이용만 하려는 회사를 절대 용서할 수 없다고 말했다.

또 다른 여성 역시 다른 판매점에서 수년 간 최고의 세일즈맨으로 인정받은 사람이었다. 긴 금발 생머리를 한 20대 젊은 여성으로, 세일즈를 하지 않았다면 의류 모델을 해도 될 법한 몸매에 얼굴도 인형같이 생겼다. 그런 그녀를 보고 판매점에서 일하는 남성들이 내게 "네 미모를 능가하는 경쟁자가 나타났다"고 농담하기도 했다. 그러던 그녀 역시 몇달도 안 돼 해고됐다. 실적도 실적이지만 판매점에서 남자문제를 일으켰기 때문이다.

이런저런 일들이 일어나도 아랑곳하지 않고 나는 '내 작은 사무실만이 나의 세계다'라고 생각하며 열심히 일했다. 어느 누구도 내 세계를 침범하지 못했고, 간혹 침범하려 드는 사람이 있으면 얌전한 고양이가 발톱을 드러내듯 겁을 주어서 쫓아버렸다. 그것이 나를 올바르게 지키고 안정적인 세일즈를 유기하기 위한 나만의 방식이었다.

고생 끝에 찾아온 행복

"나는 세일즈라는 직업을 처음부터 사랑한 것은 아니었지만
사람들과 만나 새로운 인연을 만들면서 차츰 세일즈를 좋아하게 됐다.
사람들과의 교제를 싫어하고 나만의 세계에 갇히려 할 때마다
알 수 없는 힘이 나를 사람들 한가운데로 끌어당겼다."

이처럼 독종으로 살아왔지만 내가 자원해 10개월 동안 판매점을 떠난 적도 있었다. 해고당한 것이 아니라 스스로 그만두었다.

신생 판매점이 어느 정도 자리를 잡고 유명세를 타자, 예전에 내게 렉서스를 판매했던 세일즈맨이, 내가 일하던 벤츠 판매점으로 일자리를 알아보려고 찾아왔다. 그는 사장에게 "한국인 고객만을 상대

로 최고의 이윤을 내겠다"고 말했고, 사장은 그 말에 솔깃해했다.

실제로 그는 손님이 아무리 사정해도 가격을 깎아주지 않는 것으로 유명했다. 우리 부부도 렉서스를 살 때, 가격을 낮춰달라고 했다가 일언지하에 거절당했다. 순진한 우리 부부는 더 이상 싸게 사기 어려운가 싶어 거의 정가에 샀다가, 주위에서 비싸게 샀다고 놀려서 언짢았던 기억이 있었다. 그는 이곳저곳으로 판매점을 옮겨 다녔는데, 우리 판매점을 찾아왔을 때, 그는 이미 예전의 렉서스 판매점을 떠나, 다른 벤츠 판매점에 취직한 지 몇 달도 되지 않았을 때였다.

몇 차례 그가 다녀간 뒤 어느 날, 세일즈 매니저가 나를 부르더니 "너 때문에 다른 유명한 세일즈맨을 고용하지 않고 있다"며 실적을 더 올리라고 다그쳤다. 나는 기가 막혀 "그럼, 당신 마음대로 하세요"라고 말하고는 그 자리를 떠났다.

다음 날 어떤 한국 손님이 차를 구입한 뒤, 융자 관련 서류가 잘못된것 같다며 차를 반환하겠다고 했다. 손님의 전화를 받자마자 나는 매니저를 비롯해 융자 업무 관계자들에게 그 사실을 미리 말해두었다. 공교롭게도 그 손님이 약속한 시간에는 판매점에 중요한 회의가 있었다. 그런데 그 사실을 나만 통보받지 못한 연유로 다시 찾아온 손님을 나 혼자 상대해야 했다.

그 손님은 내게 매우 미안해하면서도 자신의 권리를 찾겠다며 고집스럽게 융자 매니저를 기다렸다. 그리고 회의를 끝내고 나온 매니저에게 열심히 자신의 상황을 설명했다. 손님의 얘기를 들은 매니저는 갑자기 책상을 내리치며 내게 호통을 쳤다. 나를 혼내서 손님을 쫓아버리려는 속셈이었다. 그전에도 그런 일이 있었던 터라 나는 더 이상 참을 수 없었다.

나는 그날로 회사를 그만 두고 짐을 챙겼다. 판매점 사장은 기다렸다는 듯 내 자리를 넘보던 렉서스 세일즈맨을 불러들여 내가 초창기부터 거래해온 고객 명단을 넘겨주었다. 1,000명이 넘는 내 손님들 중에는 리스가 끝나가는 사람도 많았고 가족들을 위해 재구입을 고려하는 사람도 꽤 있었다. 그렇게 'Arrow M의 전성시대'가 막을 내리는 듯했다.

예전 판매점 때와는 달리, 신생 판매점을 떠날 때는 속이 다 후련해 콧노래가 나올 지경이었다. 나는 무슨 일이 있어도 예전의 판매점에서는 다시 일하지 않겠다고 다짐했다. 그러나 '목구멍이 포도청'이라고 경제적인 문제가 발목을 잡았다. 그해 새 집으로 이사하면서 더 늘어난 융자금과 벤츠 두 대의 할부금 때문에 마냥 놀고 있을 수만은 없었다. 나는 **10개월** 동안 공부해 보험설계사 자격증을 딴 뒤 잠시 보험 회사를 다녔다. 커미션이 크다 해서 시작했지만 보험업계는 아직도 '가가호호' 방문판매를 하고 있었다.

한편 최고의 이윤을 내겠다고 호언장담하던 렉서스 세일즈맨을 고용한 신생 벤츠 판매점은 고전을 면치 못했다. 그 세일즈맨은 한 달에 두서너 대를 파는 것이 고작이었다. 그것도 벤츠 중에서 가장 저렴한 차만 골라서 말이다. 추근대며 차를 바꾸라고 조르는 그의 방식이 먹히지 않은 것이다. 서서히 서비스 손님들마저 발길이 끊겼다. 급기야는 본사에서, 해당 판매점에 **'Arrow'**라는 세일즈맨이 떠난 빈자리가 너무 크다는 사실을 알아차렸다. 유럽에 본사를 둔 이 회사는 가끔 시찰단을 보내 판매점의 상황을 파악하곤 했는데, 본사에서 실적부진으로 판매점 사장에게 압력을 넣었을 것은 불을 보듯 뻔하다.

8개월쯤 지났을 때, 매니저에게서 세 번이나 전화가 왔다. "판매점으로 다시 돌아왔으면 좋겠다"는 그의 목소리는 몹시 간절했다. 가족들과 상의한 끝에 나는 판매점으로 다시 돌아가기로 마음먹었다. 그들은 내가 요구하지 않았음에도 전보다 더 많은 광고 인센티브와 더 자유로운 근무시간을 약속했다. 내 후임으로 들어온 그 세일즈맨은 내가 들어오자마자 해고됐다.

　판매점에 복귀한 첫날 다른 주에 사는 사람을 불러들여 한 대를 판 것을 시작으로 2주 만에 8대를 팔았다. 그리고 그 다음 달은 17대를 팔았다. 손님들은 한국인과 중국인이 대부분이었고 재구매 손님이 절반 정도 됐다. 일하던 판매점은 다시 활기를 찾았고 동료 세일즈맨들은 "Arrow가 돌아와 우리 판매점은 살았다"며 좋아했다. 심지어 차 닦는 일을 하는 사람들도 갑자기 일감이 늘어나자 즐거워하며 "Arrow가 떠난 뒤에는 일이 너무 없어 출근하기가 싫을 정도였다"고 말했다.

　나는 예전처럼 후회하는 일이 없도록 같은 판매점에서 자동차 세일즈를 다시 시작하는 이유를 분명히 해야 할 필요성을 느꼈다. 고민 끝에 세 가지의 이유를 찾을 수 있었다. 첫째, 세일즈로 벌어들이는 수입이 내게 경제적으로 풍족한 생활을 보장해줬다. 둘째, 그동안 쌓아온 세일즈 경력이면 내가 먼저 그만두기 전에는 해고당할 위험이 희박했다. 게다가 요즘 같은 불경기에는 세일즈맨의 주가가 올라간다. 이는 다른 직종에서 찾아보기 힘든 현상이다. 셋째, 내가 떠나면 나를 시기질투하던 동료들과 다른 판매점의 경쟁자들이 즐거워할 것이다. 내가 왜 나의 적들이 기뻐할 일을 하겠는가.

일하는 목적과 이유가 분명해지자 여러 가지 문제들도 술술 풀렸다. 우선 그동안 거래를 진행하면서 가장 큰 방해 요소였던 '가격 결정'에 대한 재량권을 얻게 됐다. 이후에는 내가 주도적으로 손님과 가격을 결정해 상부에 보고하면 상부에서 '예스 혹은 노'로 답하는 방식으로 처리했다. 예전에는 손님과 판매점 사이에서 가격을 놓고 한판 실랑이가 벌여졌는데 그 과정이 사라지고 손님이 단번에 세일 가격에 차를 구입할 수 있었다.

근무조건은 훨씬 좋아졌으며 달라진 방식을 손님들도 환영하는 분위기였다. 그러나 동료 세일즈맨들 중에는 여전히 반칙을 일삼는 이들이 있었다. 신생 벤츠 판매점의 규모가 커져 도심지 판매점들을 능가하게 되자, 다른 벤츠 판매점에서 다수의 세일즈맨이 영입돼왔다. 문을 연 지 얼마 되지 않아 이렇게 규모가 커진 자동차 판매점은 매우 드물었다. 내가 초창기 멤버로서 판매점을 성장시킨 일등 공신이란 건 누구나 인정하는 사실이다.

시간이 지나자 초창기 시절부터 함께한 세일즈맨은 나를 포함해 서너 명뿐이고 경쟁사에서 영입된 세일즈맨들이 훨씬 많게 됐다. 굴러온 돌이 박힌 돌을 빼낸다고, 새로 들어온 세일즈맨들은 안면몰수하고 내 손님들에게 연락하기 시작했다. 내가 자리를 비운 사이에 찾아오는 내 손님을 가로채는 것은 물론 심지어 내가 회사를 그만뒀다고 말하기까지 했다.

한번은 세일즈 초창기에 내게 벤츠 S클래스를 구입했던 한국인 고객이 투자가 친구를 소개시켜준 적이 있다. 그 투자가는 시도 때도 없이 전화해 이것저것 물어보고 자료를 요구했으며 그때마다 나는 친절하게 대답해줬다. 그런데 그는 나와 같은 판매점에서 일하던 미국인 세일즈맨, 그것도 내 옆자리에서 일하던 사람에게 차를 샀다.

경영진들은 내가 돌아와 벤츠 판매점이 활기를 되찾자, 재빨리 아시아인을 대상으로 한 내 광고부터 중단해 달라고 요구했다. 설상가상으로 판매점은 매달 인터넷을 통해 구매하는 200명이 넘는 손님들을 모두 새로 들어온 미국인 세일즈맨들에게 배정해주었다. 광고조차 못하게 된 내게는 단 한 건도 고객 정보를 넘겨주지 않았다. 가끔 있는 한국인을 포함한 동양계 손님도 모두 미국인 세일즈맨들에게 배정됐다. 광고 손님도 없고, 기존 손님들마저 다른 세일즈맨들에게 빼앗기자 나는 더 이상 출근하기가 싫어졌다. 주치의는 내게 휴가를 갖고 건강을 회복해야 한다고 말했고, 나는 회사에 얘기해 1주일간 휴가를 얻었다.

내가 휴가 간 사이 그 벤츠 판매점은 나와 함께 초창기 멤버였던 50대 후반의 융자부서 책임자 한 사람을 자리에서 물러나게 하고, 대신 다른 판매점에서 일하던 젊고 늘씬한 스페인계 여성을 고용했다. 더욱 기가 차는 것은 새로 임명된 그 여성이 3년 전, 우리 판매점에서 안내원으로 일했었다는 사실이다. 그녀는 당시 최저 임금을 받는 안내원에 불과했다. 일반 회사라면 안내원으로 일하던 여직원을 갑자기 이사급으로 승진시킬 수 있을까? 몇 개월 경력의 계약직 직원 연봉 2,000만 원에서 갑자기 이사급 연봉 2억 원으로 높여줄 수 있을까?

초창기 멤버로서 판매점 확장을 주도했던 내게는 7년 동안 단 한 번도 승진의 기회가 주어지지 않았다. 반면에 세일즈 경험이 전혀 없었던 그녀는 3년 만에 초고속 승진해 내 상사가 됐다. 나는 그런 어처구니없는 인사 조치를 단행한 회사에 또 한 번 크게 실망했다.

그들은 또한 한국말을 전혀 못하는 한국인 세일즈맨을 한 명 더 영입했다. 5퍼센트도 되지 않을 한인시장을 두고 나와 경쟁시키려고 그처럼 비인간적인 처사를 하는 그들을 도저히 이해할 수 없었다. 새로 들어온 한국인 세일즈맨은 같은 한국인인 내게 인사조차 건네지 않았고,

첫날부터 미국인 상사들의 환심을 사려 애썼다.

세일즈를 하면서 지금과는 비교도 안 될 만큼 마음고생을 많이 했지만 모든 고통은 언젠가 큰 보상으로 돌아왔다. 나는 벤츠 세일즈 그 자체가 싫은 게 아니라, 그곳에서 함께 일하는 몇몇 사람이 마음에 들지 않았을 뿐이다. 새로 문을 연 판매점에서 기반을 다지는 일부터 시작해 기존 경쟁사들을 능가하는 규모로 성장시키기까지, 신생 판매점과 함께했다는 사실은 내게 커다란 자신감을 안겨주었다. 앞으로 살아가면서 어떤 일을 하더라도 성공할 수 있다는 자신감. 그것은 돈 주고 살 수 없는 소중한 경험이었다.

돌아보면 나는 세일즈라는 직업을 처음부터 사랑한 것은 아니었지만 사람들과 만나 새로운 인연을 만들면서 차츰 세일즈를 좋아하게 됐다. 사람들과의 교제를 싫어하고 나만의 세계에 갇히려 할 때마다 알 수 없는 힘이 나를 사람들 한가운데로 끌어당겼다. 그리고 나는 이제 세일즈라는 직업을 좋아할 뿐만 아니라 사랑하게 됐다.

나의 가치는 어느 정도인가

"가치는 사랑하는 사람들끼리 만들어내는 것이다.
어떤 사람에게 직업, 연봉, 재산 등을 더해 가치를 측정하는 것이 아니라,
내가 누군가를 사랑하면 내게는 그 사랑하는 사람이
목숨과도 같은 가장 중요한 가치를 지니게 되는 것이다."

나의 어린 시절은 평탄하고 모범적이었다. 부모님이 두 분 모두 교직에 계셔서 부자는 아니었지만 경제적으로나 정서적으로 안정된 삶을 살았다. 어머니는 당신과 아버지의 적은 월급을 가지고 열심히 살림을 늘려가셨다. 집안일을 도와주시는 아주머니도 계셨으며 우리 집은 늘 식구들로 북적거렸다.

아버지는 용돈이 생기면 책을 사오셨는데 그 중에는 헌책방에서 어렵게 구입한 이미 절판된 책들도 많았다. 아버지는 모 신문사로부터 '한국의 최고 장서가'로 선정되어 신문기자가 우리 집으로 인터뷰를 오기도 했다.

어렸을 때부터 다재다능하다는 소리를 들은 나는 노래, 웅변, 글짓기, 만들기 등과 같은 예체능 쪽에서 자주 상을 받았다. 공부는 늘 상위권이었고, 고입 시험 때는 만점에 가까운 성적을 받았다. 나는 언제나 '하면 된다'는 자신감으로 충만해 있었고 그때는 세상살이가 만만해 보였다.

그러나 한국에서의 학창 시절에 좋은 추억만 있는 것은 아니다. 중학교 3학년 때, 20명 가까이 되는 여자애들이 나를 화장실 구석으로 몰아세우더니 한 명씩 돌아가며 내게 시비를 걸었다. 처음에는 너무 무섭고 두려운 나머지 울먹거리며 그들의 동정심을 자극하려 했다. 그랬더니 오히려 아이들의 기세가 등등해지면서 나를 더욱 압박했다. 순간 나는 방법을 바꿔야겠다고 생각했다. 나는 웅변으로 다져진 우렁찬 목소리로 그 아이들을 똑바로 쳐다보면서 이렇게 말했다.

"야, 너희들 곧 있으면 졸업이야. 너희가 몰려다니면서 이런 짓을 하면 내가 조용히 넘어갈 줄 아니? 자꾸 이러면 교감 선생님께 말해 모두 정학시키고 졸업장도 받지 못하게 할 줄 알아. 너희 우리 부모님 두 분 다 교장 선생님인 거 알지?"

두 눈을 부릅뜨고 한 사람씩 노려보면서 말했더니 서로 자기가 먼저 그런 것은 아니라며 쭈뼛거렸다. 그 후 그 아이들이 오히려 나를 피해 다녔으며 나는 사람을 대할 때 자신감을 갖게 됐다.

그렇게 회복한 자신감을 대학 입학시험에 떨어지면서 완전히 상실할 뻔했다. 나는 두 달 동안 방 안에 누워 혼자 울다가 지쳐서 잠드는 일을 반복했다. 식구들은 실의에 빠진 나를 바라보기만 할 뿐 어찌할 바를 몰랐다. 그런 나를 아버지가 불러 이렇게 말씀하셨다.

"대학에 떨어졌다고 마치 세상이 끝나기라도 한 것처럼 야단이구나. 살다보면 대학에 떨어지는 것은 아무것도 아니라는 걸 알게 될 거다. 나약한 모습 이제 그만 보이고 얼른 툭툭 털고 일어나렴."

아버지의 따뜻한 위로를 바랐던 나는 서럽게 울었다. 그런데 아버지의 냉정한 조언이 효과가 있었는지 며칠 뒤 나는 자리를 털고 일어났다. 그리고 친척들이 있는 미국에서 공부하기로 결심하고 영어학원에 수강신청을 했다. 기쁜 마음으로 미국행을 결정한 것은 아니었지만 지금 생각해보면 잘한 일이었다. 그리고 아버지는 나의 정신적 지주로서 어머니는 정서적 위로자로서 나를 지지해주신 것을 감사하게 생각한다.

미국에 살면서 힘들고 어려운 일을 수없이 겪었지만 그때마다 나는 절대 포기하지 않는다'는 오뚝이 정신으로 견뎌냈다.

미국에서 대학 다닐 때 한국 사람과 어울리면 영어가 늘지 않는다고 해서 일부러 한국 학생들을 피해 다녔다. 한번은 도서실에서 공부하고 있는데 한국인 남학생이 "한국 사람이세요?" 하고 말을 걸어왔는데 못 들은 척했다. 그 남학생이 지나가면서 "한국 사람 맞죠?" 하기에 "I don't understand you. I'm a Chinese(무슨 말인지 모르겠어요. 난 중국 사람입니다)" 하고는 책을 들여다봤다. 그랬더니 그 남학생이 내 안경집을 가리키면서 "한국 사람 맞네, 뭐. 여기 한국말이 쓰여 있잖아요" 하고는 가버렸다. 나는 '타국에서 동족에게 뭐하는 짓인가' 싶어 얼굴이 빨개졌다.

대학 3학년 때 일어난 교통사고는 내 가치관을 통째로 바꿔놓았다. 한인 교회 모임에 참석했다가 돌아오는 길이었는데 언덕길에서 갑자기 나타난 큰 차량과 충돌했다. 나는 도로 옆의 가파른 곳으로 떨어지지 않기 위해 애쓰느라 내 다리가 부러진 것도 알지 못했다. 차가 멈추고 구급차가 도착해 왼쪽 다리가 두 동강나 문어처럼 축 늘어진 나를 병원으로 실어갔다.

그 사고로 크게 다치지는 않았지만 4개월 동안 다리 전체에 깁스를 하고 지냈는데 그 상태로 여름을 나는 것은 고문 그 자체였다. 오빠와 살던 아파트에 혼자 덩그러니 남겨진 나를 찾아오는 사람은 아무도 없었다. 교회 친구들과 대학 친구들도 찾아오지 않았다. 공무원 신분으로 해외 출입이 자유롭지 않아 부모님도 오시지 못했다.

혼자서 침대에 누워 4개월을 견딜 생각을 하니 눈앞이 캄캄했다. 당장 의식주를 어떻게 해결해야 할지 막막했다. 그때 나는 성경을 여러 번 통독했으며 하나님을 만났다. 몸은 불편했지만 마음은 하나님에 대한 감사와 기쁨이 넘쳐났다. 그리고 하나님은 내게 인사조차 나눈 적 없던 아파트 옆 동의 한국인 여자 유학생을 보내주셨다. 그 친구는 거의 매일 찾아와 머리도 감겨주고 필수품도 사다주면서 나를 도와줬다. 지금도 그 친구의 천사 같은 마음에 감사한다.

4학년 때에는 1년 내내 기숙사에 머물렀다. 보통 신입생들이 기거하는 기숙사를 나는 졸업을 앞두고 들어가게 됐다. 그리고 얼마 후 나는 남편을 만났다. 나와 동갑인 남편은 대학과 전공을 바꾸는 바람에 당시 2학년이었다. 가끔 남학생들이 호감을 보이며 내게 데이트 신청을 해 오면 주변머리가 없다는 이유로 번번이 거절했는데, 남편과는 자연스럽게 교제를 시작했다.

대학을 졸업하고 대학원을 다니다가 한국으로 돌아가 방송국에 취직하자 여기저기서 선 자리를 주선해줬다. 나는 부모님의 바람이니 거절할 수는 없고 내 마음만 흔들리지 않으면 된다며, 지금의 남편인 남자 친구를 설득하고 선을 보러 나갔다. 서울대 출신 박사, 국비 장학생 아이비리그 대학 출신 박사 등 모두들 수재에 좋은 집안의 자제들이었다. 그렇게 여러 명을 만나고도 한번도 교제로 이어지지 않자 부모님은 반쯤 포기하고 "네 남자친구를 한번 만나보자"고 하셨다.

이렇듯 이런저런 일들을 겪은 후 남편과 결혼해 20년 동안 살고 있다. 남편은 지금 한인으로는 드물게 미국 대기업에서 열심히 일하고 있다. 결혼 당시 남편의 통장에는 87달러가 전부였다. 그렇게 가난한 살림으로 시작해 오늘날 미국의 고소득층에 속하게 됐다는 사실이 꿈만 같다. 부모님의 권유대로 똑똑하고 능력 있는 사람을 만나 그에게 의지하며 살았다면 심신은 편할지 모르지만 도전하는 삶은 살지 못했을 것 같다.

남편과의 결혼을 고민할 때 많은 사람이 결혼은 현실이라며 말렸다. 내가 재산이나 명예 같은 기본적인 문제들을 덮어두고 가난했던 남편과의 결혼을 결심하게 된 이유는 오직 믿음 때문이었다. 내가 선보았던 사람들과 비교할 때 남편은 흔히 말하는 조건들이 좋지 못했다. 하지만 늘 꿈이 너무 큰 이상적인 나와, 늘 자신을 둘러싼 환경을 냉정하게 판단하는 남편의 현실적인 태도가 서로 조화를 이루면 행복하게 살 수 있을 것 같았다.

내 개인사를 얘기하는 이유는 '사람의 가치를 측정하는 기준은 무엇인가?'라는 질문에 답하기 위해서다. 우리는 자신이 누구인지, 어떤 가치가 있는지, 왜 사는지 제대로 알지 못하는 경우가 많다. '어떤 연예인이 무명 시절에 사귀었던 남자친구가 있다는 사실을 속이고 재벌 2세와 결혼했다가 들통 나서 이혼했다'는 기사를 읽은 적이 있다. 사람들은 흔히 사랑 따로 결혼 따로가 현명한 것이라고 말한다. 그 연예인이 그렇게 행동하는 주된 이유는 가치관 때문이다. 무명일 때의 가치와 유명인이 되고 난 후의 가치가 달라진 것이다. 눈에 보이는 현실적이고 가시적인 것이 어떤 사람의 인생 가치를 재는 척도가 됐다. 학벌, 재력,

인맥, 가문, 외모, 부모, 배경 등을 중요하게 여기는 것이다.

나는 한때 다른 사람의 기준으로 내 가치를 측정했다. 매우 혼란스러운 시기였다. 내 생각을 논리정연하게 얘기할 근거도 갖지 못한 채 초라한 인생을 살았다.

그런데 사실 이것은 인생에서 가장 중요한 문제다. 내 가치는 어느 정도인가? 나와 함께 사는 배우자의 가치는 어떠한가? 결론적으로 말하면 그 가치는 바로 사랑이란 것을 깨달았다. 가치는 사랑하는 사람들끼리 만들어내는 것이다. 어떤 사람에게 직업, 연봉, 재산 등을 더해 가치를 측정하는 것이 아니라, 내가 누군가를 사랑하면 내게는 그 사랑하는 사람이 목숨과도 같은 가장 중요한 가치를 지니게 되는 것이다. 희소성이 있는 가치 말이다. 그래서 가치는 상대적인 것이다. 숨겨진 가치를 찾아내어 자신을 세일즈해야 사회에서 제대로 평가받을 수 있다.

결국 내가 나 자신을 사랑해야 나의 가치를 알 수 있으며, 어떤 상황에서도 나를 신뢰하는 믿음이 나의 가치를 창출해내는 것이다. 굳이 애쓸 필요 없이 그 가치는 이미 당신과 내 안에 있다. 우리가 해야 할 일은 그 가치를 끌어내는 것이다. 그것을 얼마만큼 이끌어내느냐에 따라 가치 있는 삶과 쓸모없는 삶이 결정된다는 사실을 명심해야 한다.

내가 자동차 세일즈를 잘해낼 수 있었던 이유도 단지 고철 덩어리의 근값을 설명한 것이 아니라 판매하는 차의 가치를 잘 이끌어냈기 때문이다. 나 스스로를 세일즈할 때도 마찬가지다. 이력서에 쓰인 화려한 문구에서 찾을 수 없는 스스로의 유일한 가치를 발견해 자신 있게 내놓을 수 있어야 한다. 그리고 자신에 대한 믿음을 잃지 말아야 한다. 희소성과 상대성의 역학을 이해한다면 자신의 모습 때문에 우울해지거나 하는 일은 없을 것이다.

나는 오늘도 하나님께서 인류의 오랜 역사 동안 수백, 수천억의 인구 중에서 나와 똑같은 사람을 한 명도 만드신 일이 없다는 사실에 감탄할 뿐이다. 이러한 놀라운 희소성과 가치를 깨닫는다면 함부로 자신을 싸구려 취급하는 일은 없을 것이다.

2장

눈부신 너의 가치가
스펙을 이긴다

내가 바라보는 것과
사람들이 내게 원하는 것

"결국 나의 가치가 빛을 발하기 위해서는, 내가 발견한 나의 천재성을 고집하기 보다는, 다른 사람이 필요로 하는 곳에서 나의 재능을 발휘해야 하는 것이다."

 누구나 한 번쯤 가던 길을 멈추고 스스로에게 이렇게 물을 필요가 있다. "나는 어디로 가고 있는가? 가려는 이 길이 내가 원하는 바로 그 길인가?" 그런데 대다수의 사람들은 스스로에게 이런 질문을 하지 않는다. 아니, 묻기를 두려워한다. 가고 있는 길이 잘못된 길이라 할지라도 그대로 가는 수밖에 없다고 생각한다. 내가 돌아서 다른 길을 가려 할 때 발생할 수 있는 문제들을 생각한다. 가족을 생각한다. 주위 사람들이 비웃을까 두려워한다. 그리고 막연하게 이 길밖에 없다고 변명한다. 누군가 나타나 이 길이 맞다는 확신을 주길 바란다. 정답은 없다. 그렇지 않은가? 맞을 수도 있다. 아니, 맞을 것이다.

그런 생각 속에서 우리는 오늘과 같은 매일을 만들어왔다. 완벽하게 확신에 차 있지는 않지만 그렇다고 해서 뾰족한 대안도 없는 그런 무의미한 하루를 차곡차곡 쌓아온 것이다. 그런데 언뜻 돌아보면 상당히 그럴듯해 보여 이만하면 됐다고 안도의 한숨을 쉰다. 그리고 오늘 즐거운 일이라도 생기면 마치 세상을 다 가진 것처럼 뿌듯하다가도, 또 다른 오늘, 우울한 일이 생기면 이렇게 살면 뭐하나 하고 한숨을 짓는 나. 오늘을 단지 스스로를 내일로 인도하는 다리처럼 취급하면서, 앞으로 다가올 내일만이 중요하다고 생각한다.

세일즈를 하면서 이런 생각이 들면 쓴웃음을 짓게 된다. 아침에 차 한 대를 팔고 나자마자 곧 다른 차 한 대를 더 판매할 생각을 하면 마음이 뿌듯하고 그렇게 행복할 수가 없다. 이렇듯 마음이 들뜨다가도 1년 뒤, 아니 1달만 지나도 차를 두 대 팔았던 오늘을 기억하지 못하게 되리라는 생각이 들면 허무해진다. 그리고 '오늘, 나는 무엇을 바라보는

가' 하고 생각한다.

세일즈만 바라본다면 분명 실적이 내 인생 최대의 이슈가 될 것이다. 실적만이 나의 최대 관심사가 되어 신앙도, 가족이나 사랑하는 사람들도, 인생의 목적도, 재정관리도, 목숨조차도 보이지 않게 된다. 취미로 골프를 치다가 거기에 폭 빠져서, 그 외에는 아무것도 보지 못하는 사람들이 있다. 도박이 중독성이 있는 것처럼, 유난히 집중을 요하는 일들이 있고 또 그 성과에 따라 보상이 주어지다 보면 그것이 전부인 것처럼 여겨지는 일들이 간혹 있다. 그것이 직업과 연결되면 '일중독'이라 불리게 된다.

그런데 일을 열심히 했는데도 몇 달 동안 수입이 전혀 없다면 그것은 사람들이 당신이 그 일을 하는 것을 반가워하지 않는다는 뜻이다. 예를 들어 어떤 사람이 자신은 그림에 재능이 있다고 생각해 열심히 그림을 그렸는데 수백 명이 그 그림을 봤음에도 단돈 1달러도 내려 하지 않는다면 분명 나의 기대치와 사람들의 기대치가 다른 것이다. 다른 말로 하면 그 그림을 갖기 위해 1달러조차도 쓸 가치가 없다고 사람들이 생각한다는 뜻이다.

결국 나의 가치가 빛을 발하기 위해서는, 내가 발견한 나의 천재성을 고집하기보다는 다른 사람들이 필요로 하는 곳에서 나의 재능을 발휘해야 하는 것이다. 결론적으로 평생 일할 직장을 찾을 때 내가 아는 나의 재능을 내세우기보다는, 다른 사람의 필요를 찾아서 나의 재능을 증명하는 것이 더 효과적이다.

음치로 태어나 가수가 되겠다는 사람이나, 자기 집도 정리정돈하지 못하면서 인테리어 계통의 일을 하겠다고 공부하는 사람, 색맹이면서 화가가 되겠다는 사람, 글 읽는 것을 싫어하면서 작가가 되겠다는 사람, 모두 처음부터 틀린 방향을 바라보는 것이다. 자신의 콤플렉스를 감추기 위함일 뿐이다. 정말 특별한 재능을 갖고 있다면 자신이 깨닫기도 전에 대가를 치르고 그 능력을 사고자 하는 사람들이 나타날 것이다.

예체능뿐 아니라 컴퓨터 기술이나 프로그래머, 법률 지식, 상담, 교육, 행정 등 다방면에서 당신의 능력을 필요로 하는 사람들이 있다. 음식을 잘하는 식당, 세탁을 잘하는 세탁소, 이를 잘 치료하는 치과, 아픈 사람을 잘 낫게 하는 병원, 심부름 잘하는 심부름센터, 머리를 잘하는 미용실 등 우리가 일할 곳은 무궁무진하다. 이처럼 사람들이 나를 필요로 하는 자리가 바로 나의 진가를 발휘할 수 있는 직장이 되는 것이다.

또한 남들이 필요로 하는 재능을 발견하는 것 외에 자신이 늙어가고 있음을 자각하고 방향을 바꿀 줄도 알아야 한다. 사람은 한시도 멈추지 않고 계속 진화한다. 그리고 진화는 바람직하다. 진화를 거부하면 도태되다 결국 멸종하고 만다. 나 역시 나이가 들면 지금 하고 있는 세일즈의 방향을 수정, 보완해야 한다. 진화가 고통스러울 수도 있지만 적어도 멸종되는 것보다는 낫지 않겠는가.

가끔 나이 지긋한 손님들이 찾아와서 '왕년'의 추억담을 말하곤 하는데 현재 어떤 것이든, 일을 하고 있는 나이 든 손님들은 '왕년에'라는 말을 하지 않는다. 그 사람들은 진화의 고통을 겪으면서 자신의 길을 새롭게 수정한 사람들이다. 나이가 든다는 것은 어떤 재능이 현저히 줄고 어떤 재능은 새롭게 생기는 것을 의미한다. 그를 감지하는 사람도 있고 감지하지 못하는 사람도 있다. 그런데 나이가 드는 것을 감지하고, 지향하는 바를 수정하고 사람들이 자신들이 있기를 바라는 자리를 찾은 사람들은, 나이와는 상관없이 또다시 새로운 진가를 드러낸다.

중요한 것은 사람들이 필요로 하는 곳에 서는 것이다. 그곳에서 최선을 다해 재능을 발휘하며 인정을 받고, 스스로를 조금씩 발전시켜 나가는 것이다. 그러나 결국 자신의 재능을 발굴하는 것은, 전적으로 '나'에게 달린 것이다. 만약 일에 댓가에 대한 경제적인 목적, 그 이상의 인생 목표가 분명한 사람이 있다면, 이런 이들은 세상을 바꿀 것이다. 우리는 소위, 이를 일컬어 '천직' 이라 부른다.

어떤 일에 탁월한 재능을 가진 사람들을, 일반인들이 따라잡기란 여간 힘들지 않다. 그러나 그런 천재들조차도, 그 일을 즐겁게 오랜 기간 하는 사람들을 능가할 수는 없다. 당신에게 잠재되어 있는 깊은 관심과 열정을 불러일으킨다면, 바로 그것이 탁월한 인생을 사는 지름길이다. 그러나 불행하게도 이 세상에는 자신이 무엇을 원하는지 모르는 채로 살아가는 사람들이 너무나 많다.

세일즈맨의 죽음

"'나를 인정하지 않는 사람은 내게서 차를 사지 마라.
또한 나 역시 그 손님에게 차를 판매할 것인지 여부를 선택할 것이다'라는 것은
중요한 나만의 세일즈 모토다."

'세일즈' 하면 제일 먼저 떠오르는 책이 고등학교 때 읽은 아서 밀러의 《세일즈맨의 죽음의Death of Salesman》이다. 늘 양손에 두 개의 커다란 가방을 들고 지친 모습으로 집에 돌아오는 세일즈맨 윌리 로먼은 34년 동안 줄곧 한 회사의 물건을 판매했다. 성과가 없으면 도태되고 마는 능률 제일주의 사회에서 그의 실적은 점점 부진해진다.

오랜 세월 한 회사에 헌신했지만 그에게 남은 것은 작은 집 한 칸

이 전부다. 그에게는 **30**세가 넘었는데도 무직인 큰아들과 허황된 생각으로 하루하루를 사는 작은아들, 그리고 그 옆을 지키는 아내가 있다. 그는 회사의 젊은 사장에게 세일즈를 그만두고 본사 업무를 할 수 있게 해달라고 애걸하지만 오히려 사직을 권고받고는 허탈해한다. 삶에서 아무런 희망을 찾지 못한 그는 결국 자살을 선택한다.

소설에서 그리고 있는 것처럼 세일즈는 고된 일이다. 행복한 결혼생활을 유지하고 자녀를 제대로 키우는 데 필수적이라 할 수 있는 시간을 많이 뺏기는 직업이다. 일한 시간과는 상관없이 오로지 실적으로만 수입이 좌우되는 직종이기 때문에, 너무 무리하게 열심히 일하는 것은 자신에게 독이 될 수 있다. 실적 위주인 업무들이 늘 그렇듯 많은 스트레스가 뒤따른다는 사실 또한 염두에 두어야 한다.

그 위에 세일즈는 도덕 불감증에 걸리기 쉬운 직종이라 할 수 있는데, '스트레스 해소용' 이라든지, '열심히 일한 보상으로 이 정도쯤은' 하는 안일한 사고방식 때문이 아닐까 한다. 예외도 있지만 세일즈에 종사하는 사람들은 이혼율이 높고, 자녀들의 교육 수준은 낮은 편이다.

내 부모님은 두 분 다 교직에 계셨다. 아버지는 서울시 고등학교 교장으로 퇴임하셨고, 어머니 또한 서울시 초등학교 교장으로 퇴임하셨다. 두 분 다 교육계에 계시는 동료들의 자녀들 이야기를 들으면 서울대를 비롯한 명문대를 졸업해 법조계나 의료계, 교육계 혹은 정부에서 일하는 사람들이 많았다. 주위를 둘러보면 부부가 해로하며 사는 경우가 대부분이라 이혼을 다른 나라 얘기처럼 생각하신다. 어머니는 39세에 최연소 서울시 교감으로 발탁되셨는데, 늘 주위 사람들로부터 존경을 받았다. 교육계에서 아버지는 성실하고 강직하기로 소문나셨는데, 중고등학교 시절 내가 아버지의 함자를 대면 사람들은 "아, 그분의 따님"이라고 하면서 나를 다시 보았다.

언니는 호주 교포인 형부랑 결혼하면서, 호주에서 박사 과정을 마치고 현재 호주 연방 정부의 정부 예산 기획 부서에서 일하고 있다. 세금 예산 편성에 중요한 역할을 하다보니 국제회의에 참석하는 일도 간혹 있다. 몇 년 전에 개인 출판일로 한국을 방문했을 때는 여러 대학에서 강의 요청이 들어와 일정이 매우 바빴다고 한다. 자녀들도 훌륭히 자라서, 두 아이들 모두 호주 국립대학을 졸업했다.

그런 까닭에 다방면에 재능이 있어 각종 상을 휩쓸며 큰 기대를 모으던 막내가 세일즈맨이 된 것에 부모님은 크게 실망하셨다. 나 역시 친정 식구들이 모이는 자리에 갈 때마다 괜히 혼자 주눅이 들지만 '그래도 돈은 내가 제일 잘 번다'라는 생각으로 마음을 추스르곤 한다. 그런데 아닌 게 아니라 내가 아무리 잘해도 '세일즈'에 대한 대중의 고정관념은 쉽게 바뀌지 않는다.

　세일즈를 제대로 하려면, 제일 가까운 부모 형제들에게조차 거절당하는 것을 당연히 여겨야 한다. 나의 경우도 시집과 친정의 양가 부모 형제들로부터 단 한번도 손님을 소개 받은 적은 없었다. 내가 집안의 대소사를 열심히 챙긴다면, 이 마저도 '하나라도 더 팔아볼려고 그런다며 비아냥 거렸다. 또 자신들이 날 필요로 할 때만 오라가라 하는 사람들 때문에 마음의 상처도 심심찮게 받았다. 만약 너무 바빠서 부모 형제들의 전화를 못받을 때면, "세일즈맨이 전화를 안받으면 되겠느냐?" 하면서 호통마저 치는 사람이 있는가 하면, "목에 칼이 들어와도 난 세일즈는 못해" 하면서, 나의 직업을 면전에서 깎아내리는 형제도 있었다. 세일즈를 하려면, 우선적으로 사람들의 시선에 대한 각오는 되어 있어야 한다.

　또한 세일즈맨이 회사의 중역 자리에 오르기 힘들다. 회사 내에서도 세일즈맨에 대한 고정적인 이미지가 있기 때문이다. 직장을 구할 때도 세일즈의 문은 언제나 열려 있기 때문에 자신이 원한다면 누구나 할 수 있다. 회사도 세일즈맨들을 고용할 때 특별히 미리 투자하는 비용도 없고, 직원 스스로 그만둘 확률도 높으니 까다롭게 사람을 뽑지 않는다.

내가 만약 다른 정부기관이나 대기업에서 정식으로 일한다면 나는 그 부서에서 두각을 나타낼 자신이 있다. 세일즈에 관한 글을 써보라는 주위의 권유를 받고 나는 3주 만에 책 한 권을 거의 다 썼다. 낮에는 일하고 밤에는 글을 쓰는 동안에도 판매점에서 계속 상위권 실적을 유지하면서, 그 달에 받아야 하는 교육 프로그램인 벤츠 신종 차량 관련 시험 16개를 다 통과했다. 어떤 시험들은 자동차 부품이나 기능에 대한 전문용어로만 쓰여져 있어, 미국인 동료들도 나에게 질문하곤 하였다. 또 어떤 사람들은 글을 쓰는 데 몇 년이 걸린다고 하지만 나는 생각하는 대로 바로 글을 완성한다. 시험 보는 것, 미국 동료들을 상대하는 것, 글 쓰는 것을 다 합쳐도 세일즈만큼 힘들지는 않다.

나는 10년 넘게 세일즈를 해왔지만 아직도 세일즈가 무척 힘든 일이라 생각한다. 세일즈에는 심리학, 정치학, 논리학, 경영학 등 모든 학문이 필요하다. 때로 세일즈에는 대중 앞에서 프레젠테이션하는 훌륭한 매너뿐만 아니라, 벤츠 같은 고급 품목의 경우 각국의 고관들이나 **CEO**들을 상대하면서 그들을 웃길 수 있고 설득할 수도 있는 담력까지 요구된다. 내가 세일즈하면서 하고 있는 일이 우리 언니가 하는 일보다 절대 쉬운 일이 아님에도 불구하고, 거의 모든 사람이 세일즈는 아무나 한다는 선입견을 갖고 있다.

최근에 전화 한 통을 받았다. 어떤 한인 교민 여성이 말하기를, 최근 다른 벤츠 판매점에 근무하는 한인 세일즈맨에게서 벤츠를 샀는데, 오랫동안 그에게서만 벤츠를 샀음에도 불구하고 그가 정직한 거래를 하지 않았다고 푸념했다. 사실 내 고객도 아니고 그런 불평을 듣고 있을 이유가 전혀 없었지만, 나는 그녀의 이야기를 끝까지 들어줬다. 그녀는 자신이 예전에 샀던 벤츠가 사고가 나서 새 차를 구입하기로 했는데, 그 한인 세일즈맨이 값은 깎아주지 않고 원치 않는 옵션이 잔뜩 부착된 차를 집 앞까지 끌고 와 억지로 계약하게 했다는 것이다. 다음 날, 가격을 좀 더 알아보고 세일즈맨에게 불평을 했더니, 그는 또다시 다른 자동차를 끌고 와서 더 낮은 가격에 주었다는 것이다.

이야기를 들어보니 자신의 차를 사는데 남들 보고 오라 가라 하는 그녀에게도 문제가 있지만 무엇보다도 경험이 많다는 세일즈맨이 아직도 그런 실수를 하는 것이 더 이상했다.

손님의 비위를 맞추려고 독단적으로 그렇게 행동한 것이겠지만 그것은 손님의 선택이기 전에 그의 선택이었기에 손님들의 불평과 원망을 사게 되는 것이다. 그는 나보다 먼저 벤츠 세일즈를 시작했지만 실적은 점점 더 하향곡선을 그리고 있다. 왜 좀 더 대담하고 세련되게 세일즈하지 못하는 것일까? 그는 손님들에게 경쟁자인 나에 대한 악평까지 하면서 세일즈를 한다는데 손님들은 점점 그에게서 멀어질 뿐이다. 그렇게 힘든 분위기를 만든 것은 다른 사람이 아니라 자기 자신이다. 마음을 비우고 전문적이고 공정하게 누구나 인정할 수 있는 세일즈를 하기 위해 노력할 필요가 있다.

찾아가는 세일즈는 매우 위험하다. 특히 자동차는 손님이 직접 시운전을 해보고 옵션을 꼼꼼히 살펴봐야 한다. 그래야 손님이 오랫동안 후회 없이 만족을 느끼면서 차를 즐길 수 있을 뿐더러, 혹시 차에 문제가 생기더라도 세일즈맨을 의심하지 않게 된다.

장기적인 세일즈를 위해서는 먼저 마케팅과 전문 지식을 바탕으로 한 세일즈로 사람들의 인정을 받아야 한다. '나를 인정하지 않는 사람은 내게서 차를 사지 마라. 또한 나 역시 그 손님에게 차를 판매할 것인지 여부를 선택할 것이다'라는 것은 중요한 나만의 세일즈 모토다. 겉으로 보기엔 손님이 나를 선택하는 것 같지만, 나는 늘 내가 그 손님을 선택했기 때문에 세일즈를 성사시킬 수 있었다.

《세일즈맨의 죽음》에서 주인공 로먼은 **34**년 동안 헌신한 회사가 자신의 공로를 인정해줘야 한다고 절규한다. 그가 열심히 판매 활동에 전념한 덕분에, 회사는 아버지 사장에서 아들 사장에게로 부를 세습할 수 있었다. 그 사이 로먼의 두 아들은 아버지의 무관심 속에 방치됐고, 로먼이 그들에게 남긴 것은 초라한 집 한 채와 가난뿐이었다. 그리고 허무한 자살로 마감한 패배자의 인생이었다.

그러나 모든 세일즈맨이 로먼과 같이 어리석지는 않다고 말하고 싶다. 로먼은 회사가 자신의 공로를 인정하지 않는 것 같다는 생각이 들었을 때 돌파구를 찾았어야 했다. 그의 세일즈 자체에 문제가 있었다기 보다는, 그 자신의 인생을 유연하게 이끌어가는 데 실패한 것이다.

가족 간에도 문제가 있었다면 좀 더 노력했어야 했다. 노후를 어떻게 준비할 것인지 좀 더 고민하고 인생의 방향을 점검했어야 했다. 자기 자신의 가치를 남이 결정하도록 맡겨놓고 그에게 충성한 대가를 요구하면 회사도 사회도 받아들이지 않는다는 것을 깨달았어야 했다. 확신하건대, 그는 세일즈를 통해 남들과 기쁨을 나누는 삶을 택하기보다는, 세일즈를 돈을 벌기 위한 수단이라고만 생각하는, 인생의 목표가 돈인 삶을 살았을 것이다.

"거상이 되려면 돈을 남기지 말고 사람을 남기라"는 말은 예나 지금이나 진리 중에 진리다.

큰 돈 들이지 않고 할 수 있는 일

"일만 잘한다면 세일즈로 일반 사업을 하는 사람들처럼
무궁무진한 소득을 얻을 수 있고, 자유롭게 일할 수 있다.
무엇보다도 내가 투자한 자본이 없으니 크게 잃을 것도 없다."

미국 동부에 위치한 유럽자동차란 회사에서 일하는 100명 가까이 되는 세일즈 인력들 중에 여자는 나 혼자다. 그 중 동양 세일즈맨은 나를 포함해 두 명밖에 없다. 내가 일하던 벤츠 판매점에는 나 말고는 동양인도 없고 여성도 없다. 삼사십대의 백인이 대다수인 우리 판매점에서 나는 8년간 일해왔다. 동료들은 처음엔 그들 가운데 유일한 여성인 나를 상냥하게 대했지만, 시간이 흐르자 호의는 적대감으로 바뀌었다.

내 수입이 그들을 능가한다는 사실을 알게 됐기 때문이다.

　2007년 어느 겨울날, 나는 판매점을 찾아온 손님 다섯 명에게 벤츠 다섯 대를 그 자리에서 판매했다. 그들이 어떤 것을 선호하는지 파악하고 적합한 차를 선정한 다음 단번에 가격 흥정에 돌입해 알뜰하게 융자까지 받아서 최고급 레벨의 차를 포함해 다섯 대를 팔아치운 것이다. 모두 판매점이 보유하고 있던 차량이었다. 내가 이리저리 판매점 안을 뛰어다니면서 한꺼번에 거래를 성사시키는 것을 보고 손님들은 놀라움을 금치 못했다. 그 다섯 명은 모두 난생 처음 보는 예약 손님들이었고 또 그들 중에 몇 명은 몇 년 뒤에 내게 두 번째 벤츠를 사기도 했다. 이 외에도 내게 하루에 벤츠 두 대를 판매하는 것은 흔한 일이다.

　나는 손님이 선호하는 바를 빠르게 파악하고 대화에 집중해 그 손님이 어떤 것을 필요로 하는지와 관련한 중요한 정보들을 알아낸다. 어떨 때는 손님이 판매점에 들어서는 순간, 어떤 차가 그 손님에게 어울릴지 감이 올 때도 있다. 예전에 내게 차를 구입한 손님일 경우 그 사람의 취향에 맞는 차를 미리 준비해놓을 때도 있다. 그것은 하나의 예술과도 같다. 어떤 사람을 보면 '저런 스타일은 어떤 색상에 어떤 디자인을 입으면 참 근사할 것 같다'는 느낌이 오는 것처럼 나는 사람과

드림 러쉬　95

차를 연결하는 감이 빠르다. 때문에 하루에 남들의 한 달 치 월급을 한꺼번에 버는 경우도 간혹 있다.

손님들은 거의 대부분 내가 추천한 차를 사가기 때문에, 나는 확실한 손님이라 판단되면 아예 준비된 차를 세차하라고 보낸다. 동료들이 나처럼 자기들도 손님들에게도 미리 준비된 차를 보이면 판매가 잘 될될까하여, 여러 차를 미리 세차하라 보내면서 'Arrow 스페셜'이란 말이 생겨났다. 그 뜻은 '아직 판매가 되지는 않았지만 거의 팔린 차이니 세차를 하라'는 뜻이다. 그런데 세차를 보낸 차가 팔리기는 커녕, 손님이 신나게 테스트 드라이브를 하고 난 후에 "다음에 다시 오겠다"며 가버린다. 이런 일이 비일비재하자 몇 년 동안 판매점의 관행이 되어버린 'Arrow 스페셜' 제도가 없어졌다. 팔린 것도 아닌데 세차와 점검에 돈을 낭비하지 않기 위해서다. 미국 동료들은 나를 따라 하려 하지만 이상하게도 손님들의 마음을 움직이는 데는 소질이 없는 것 같다.

요즘에는 세일즈를 잘하는 여성들이 점점 늘고 있다. 부동산이나 융자 또는 보험업계에서는 아예 여성 지원자들을 대대적으로 환영할 정도다. 내가 2004년 10월에 신생 벤츠 판매점으로 옮겼을 때, 예전에 일하던 판매점에서 한국 신문 구인란에 '자동차 세일즈 무경험 한국 여성 환영'이라는 광고를 내보냈을 정도로 나를 대신할 수 있는 사람을 찾으려 애썼다. 그런데 한국 여성을 고용하지 못했다. 인터뷰를 하러 온 지원자들이 자동차 세일즈는 기본급이 거의 없다는 사실을 알고는 시도조차 해보지 않고 포기했기 때문이다.

아침부터 저녁까지 일하면 당연히 최소한의 기본급이라도 받아야 하는데, 멋진 정장을 잔뜩 차려입고 하루 종일 손님들 시중을 들면서 마음고생만 하다가 퇴근해야 한다고 생각하면 앞이 캄캄하기 마련이다. 그런 날이 하루 이틀이면 괜찮은데 한 달, 아니 1년 내내 그럴 수도 있다. 또 어떤 사람들은 실적이 너무 저조해 중간에 해고될 수도 있다. 판매점도 말만 '무경험자 환영'이지 실력과 지식을 겸비한 전문 세일즈맨을 마다하고, 영어도 서툰 외국 여성을 고용하는 것이 말처럼 쉬운 일은 아니다.

한국 여성들이 보험이나 융자, 부동산업계에서 큰돈을 벌면서 계속 일할 수 있는 근본적인 이유는, 상대적으로 취업의 문턱이 낮고 또 해고의 위험이 없기 때문이다. 특히 한번 면허증을 따놓으면 매달 교육받을 필요 없이 스스로 시간을 조절하면서 자유롭게 일할 수 있다. 처음에 한 두 번 판매하기가 어렵지 그 다음부터는 어느 정도의 실적을 올릴 수 있다. 미국에서 커미션이 가장 큰 부동산의 경우 매물 가격의 3퍼센트 가량을 커미션으로 받는다.

얼마 전 신문에서 몇백만 달러짜리 상업용 부동산 거래가 성사됐다는 기사를 읽었는데 그 담당 부동산은 우리 부부와 교회활동을 함께 하던 사람이 운영하는 곳이었다. 남편과 나는 그 사람이 한 번의 거래로 어마어마한 커미션을 받은 걸 알고 적지 않게 놀랐다. 한두 번 이런 거래를 성사시켜본 사람은 절대 시간당 몇 달러를 받고 일할 수 없다. 그것이 커미션의 매력이다. 더군다나 부동산은 독립적으로 움직이기 때문에 회사의 눈치를 볼 필요도 없다.

융자도 마찬가지로 거래 가격의 융자 퍼센디지에 따라 커미션이 결정된다. 부동산 커미션보다는 적지만 돌아다니면서 일할 필요 없이 사무실에 앉아서 컴퓨터만 두드리면 되니 거래 속도가 빠르고 상대적으로 거래량이 많아, 부동산과 융자의 1년 치 연봉은 큰 차이가 없는 것 같다. 보험은, 고객들을 찾아가 보험의 필요성을 설명하고 판매한다. 보험 세일즈는 무에서 유를 창출하듯 많이 사람을 만나면 그만큼 실적이 높아진다. 커미션은 1년 프리미엄의 반 정도이므로 프리미엄이 높으면 높을 수록 수입이 늘어난다. 공통점은 여성들의 조리 있는 말솜씨나 상냥한 매너가 경쟁력을 갖는 분야이니만큼 여성들이 큰돈을 벌 수 있는 직업이라 하겠다. 상대적으로 내가 몸담고 있는 자동차 세일즈는 커미션이 터무니없이 적을 뿐 아니라 회사 내의 정치도 만만치 않다. 또한 회사를 떠나면 판매했던 손님은 모두 다 회사의 손님이 된다. 그러나 자동차 세일즈는 고객을 찾아서 돌아다니지 않아도 된다는 장점이 있다.

한인들은 미국에 정착하기 위해 취직하려고 애를 쓰다가 결국은 작은 사업을 시작하는 경우가 많다. 사전 조사도 치밀하게 하지 못하고 경험도 없으면서, 상업용 부동산 에이전트 말만 믿고 창업한 경우 처음에는 본전을 찾기도 힘들다. 예상에 훨씬 못 미치는 월 수입으로는 감당하기 어려운 예상 외의 지출이 많다.

시간이 지나면 매출이 오를 것이라 생각하고 사업을 시작했다가, 경기 침체다 더블 딥이다 해서 매출이 뚝 떨어지면 매달 지불해야 하는 고정적인 비용이 버거워진다. 매출을 올리려면 광고비도 지출해야 하고, 경쟁업체의 가격 하향 조정도 간과할 수 없는 노릇이다. 더욱이 음식 장사라면 손님이 뜸할 경우 재료의 신선도가 떨어지니 음식을 버릴 수밖에 없는 안타까운 상황이 된다. 직원들의 월급도 제대로 주지 못하는 최악의 상황이 올 수도 있다. 신용이 나빠질까봐 그만둘 수도 없으니 걱정과 스트레스 속에 하루하루가 힘겹다.

그런데 세일즈는 그런 고민을 할 필요가 없다. 내 능력껏 벌고, 판매가 순조로울 때 저축해놓은 돈으로 어려운 시기를 그럭저럭 버틸 수 있다. 누구한테 월급을 줄 필요도 없고, 거래가 없으면 스스로 속상하고 답답할 뿐이지 매달 약속한 사업 융자금을 갚으라고 독촉하는 은행도 없다. 경쟁업체의 가격 인하를 걱정할 필요도 없고, 다른 직원들의 사기 저하도 내가 신경 쓸 일은 아니다. 그뿐만이 아니다. 다른 직장을 찾고 싶을 경우 언제든지 그만둘 수 있다. 어떤 부동산업자들은 다른 직장을 다니면서 주말에만 부동산 에이전트로 일하기도 한다. 일이 너무 고되면 속도를 조금 늦추고 쉴 수도 있고, 여행을 떠날 수도 있다.

일만 잘한다면 세일즈로 일반 사업을 하는 사람들처럼 많은 소득을 얻을 수 있고, 자유롭게 일할 수 있다. 무엇보다도 내가 투자한 자본이 없으니 크게 잃을 것도 없다. 모든 비즈니스는 투자가가 투자한 만큼의 대가를 지불받는 식으로 이루어진다. 그런데 모든 투자가 반드시 이익을 보장받는 것은 아니니, 투자만 엄청나게 하고 그 대가가 빚으로 고스란히 돌아올 수도 있다. 투자한 만큼의 부담과 사업을 운영할 때

받는 스트레스, 직원 관리와 같은 인간관계에서 생겨나는 갈등, 고객 불평에 대한 책임을 모두 합하면 사업이 꼭 남는 장사는 아닌 것 같다.

반면 세일즈는 나만 잘하면 일반 직장인보다 더 여유롭게 일하면서 더 큰 수입을 올릴 가능성도 있다. 물론 기본급 정도도 가져가지 못하는 세일즈맨들도 많다는 것을 반드시 기억해야 한다. 그러나 열심히 오래 일한 세일즈맨들의 수입은, 대개 고정 월급을 받는 일반 샐러리맨의 월급보다 많다. 특히 경기가 어려울 때는 경험이 많은 세일즈맨들을 찾는 경향이 있어, 체감 경기의 영향을 의외로 적게 받는다 할 수 있다.

내가 아는 여러 분야의 최고 세일즈맨들은 일반 기업의 이사급 간부 이상의 수입을 올린다. 게다가 기업의 간부들이 조기 명퇴나 대량 해고의 위험 앞에서 몸을 사릴 때 세일즈맨들은 다리 뻗고 잘 수 있다. 손님들을 늘 몰고 오는 세일즈맨을 싫어하는 회사가 어디 있겠는가? 세일즈 부서가 있기에 다른 부서들이 존재하므로 어느 회사나 세일즈 부서를 특별 대우한다. 다른 부서들을 총동원해 지원하는 부서가 세일즈 부서이다 보니, 세일즈 부서에서 회사 내 일등 공신들이 배출된다. 우리 회사도 고급 레스토랑에서 누군가에게 대접받을 일이 생기면 세일즈 직원들만 초대한다.

어떤 이는 인터넷이 생겨서 세일즈가 어렵게 되었고 말한다. 그러나 나는 오히려 그 반대라고 생각한다. 인터넷이 생기기 전에는 싼 차만 보러 다니던 사람들이 비슷한 돈을 주고 고급 승용차를 리스해서 탈 수 있다는 사실을 인터넷을 통해 알게 되면서 요즘 고급차들의 판매가 부쩍 늘었다. 인터넷에서 대략 가격을 비교해보고 특별 이자율까지 알고 오니, 내가 할 일은 단지 손님과 차를 연결하는 것뿐이다. 도저히 불가능한 가격을 주장하는 손님들도 줄었다. '판매점은 다 도둑' 운운하면서 자신의 기존 차를 턱없이 높은 가격에 사달라고 억지를 부리는 사람도 거의 없어졌다.

무엇보다도 잠정 고객이 나름대로 인터넷에서 사료를 찾아보고 알아본 후 판매점을 방문했는데 '홍정 제시 가격이 상대적으로 싸다'는 생각이 들면 여러 말 없이 금방 사는 경우도 늘었다. 또한 사람들은 인터넷 사이트가 아무리 저렴한 가격을 제시해도, 얼굴 없는 자동차 세일즈맨과 거래할 의사가 없다. 인터넷에 개인 신상 정보를 함부로 흘리고 다닐 마음도 전혀 없다. 인터넷은 단지 참고용 정보를 얻는 도구일 뿐 거래는 마음에 드는 세일즈맨과 직접 얼굴을 맞대고 하는 것이다. 자동차 세일즈를 하다 보면 내 업무를 덜어주는 인터넷이 고맙다는 생각이 들 때가 있다.

어째서 세일즈에 비참한 직업이라는 딱지가 붙었는지는 알 수 없지만 난 세일즈가 앞으로 가장 유망한 한편으로, 사람들이 선망하는 직종이 될 날이 올 것이라 확신한다. 대중매체가 생기기 전, 이곳저곳 돌아 다니며 사람들에게 기쁨을 주는 서커스단의 광대는 사람들이 가장 천시하던 직업이었다. 약 50년 전만 해도 사람들은 연예인을 '딴따라'라 부르면서 무시했다. 하지만 오늘날 그들은 대중의 우상이 됐다. 사람들은 그들이 하는 것이면 뭐든 따라 한다. 그들처럼 되기 위해 옷과 액세서리도 똑같은 것을 착용한다. 그도 모자라 연예인 '아무개'처럼 되기 위해 성형을 하기까지 한다. 그들이 지나가면 환호하고 자신을 알아봐 달라고 선물을 보낸다. 그런 연예인들에게는 스케줄을 관리하는 매니저와 몸매 관리를 위한 전문 트레이너까지 있다. 라면만 먹고 운동선수가 되었다는 것은 다 과거의 일이다.

세일즈에도 이런 날이 곧 올 것이다. 사람의 마음을 움직이는 세일즈맨, 그들이 회사의 꽃으로 끝나지 않고 대중의 사랑을 받을 날이 반드시 올 것이다.

그들에게도 반짝이는 시절이 있었다

"세일즈도 끝까지 잘하고 인생에서도 성공하고 싶은 사람이 있다면,
세일즈가 단지 숫자로 표시되는 실적이 전부인 게임이라 생각해서는 안 된다.
성공한 세일즈는 실적으로만 평가되는 것이 아니다."

얼마 전 자동차 판매 관련 종사자들의 이야기를 다룬 드라마를 보았다. 몇 회 보지 않았지만 주인공인 세일즈맨의 삶과 관련 소재들이 너무 현실성이 없다는 생각이 들었다. 세일즈맨의 삶은 사람들이 막연히 생각하는 것처럼 그렇게 드라마틱하지 않다. 세일즈의 세계에서는 실적이 모든 것을 말해준다 해도 과언이 아니다.

자동차 세일즈의 경우 매달 제로에서 다함께 출발한다. 매월 첫날

이 되면 '준비, 땅' 하고 모두 함께 달리기 시작한다. 대부분의 세일즈맨은 월초에는 긴장을 늦추고 최고의 세일즈맨과 똑같은 위치에서 출발하는 것에서 용기를 얻는다. 대개 정해진 시간보다 약간 늦게 출근해 긴장을 풀고 삼삼오오 모여 지난달 실적에 대한 얘기들을 나눈다. 어느 판매점이 혹은 누가 어느 정도의 실적을 올렸나를 주제로 대화를 나누다 보면 점심시간이 된다. 늦은 오후에는 판매점을 방문한 고객들과 이런저런 얘기를 나누고 퇴근할 준비를 한다.

그 중 운 좋은 세일즈맨은 제대로 된 손님을 만나 한 건을 하고 그것으로 아주 잠시 동안 1등의 영광을 누린다. 그러다가 매월 말일은 실적과 관련한 스트레스로 아무나 붙들고 '오늘 안 사면 손해다'라는 식으로 조르다 지나간다. 그러나 아무리 발버둥을 쳐도 결국 돈을 버는 사람은 항상 벌고 못 버는 사람은 늘 벌지 못한다.

이와 같은 이유로 어떤 세일즈의 세계든 승자와 패자, 실적이 뛰어난 세일즈맨과 부진한 세일즈맨, 부자와 빈자가 함께 공존하는 기이한 현상이 나타난다. 나는 세일즈맨이 되는 데 필요한 모든 조건을 갖춘 타고난 세일즈맨 같은 건 없다고 믿는 사람 중 하나다. 그러나 이와 같은 확연한 차이가 나타나는 것은 분명한 사실이다.

자동차가 하드웨어라면 세일즈맨은 소프트웨어라 할 수 있다. 아무리 좋은 자동차도 세일즈맨의 실력이 뒷받침되지 않으면 잘 팔리지 않는다. 세일즈맨은 파는 물건이나 서비스의 가치를 소비자에게 충분히 이해시켜 실질적인 소비로 이끄는 사람이다. 소비자에게 선택의 폭이 무궁무진할수록, 특히 오늘날과 같이 인터넷이 발달된 시대에는 세일즈맨이 점점 가치 없는 존재가 되어가는 듯 보인다.

10년 전만 해도 보험을 파는 세일즈맨이 방문하면 일단 그 사람의 말을 듣고 귀가 솔깃해져 식구들과 의논한 다음 다시 세일즈맨을 불러 보험 가입 여부를 결정했다. 그런데 이제는 보험을 원하는 사람들은 인터넷을 이용해 어느 보험회사가 더 저렴한 프리미엄과 더 큰 혜택을 제공하는지 비교해본 다음 적절한 상품을 선택해 개인 정보를 입력하고 바로 가입하는 세상이 됐다. 이런 현상 때문에 한정 수량만을 만들어 판매하는 고가의 명품 가방도 전 세계 소비자에 의해 빠른 속도로 동나 버리고 있다.

갈수록 세일즈맨이 설 곳이 없어지고 있다. 방문 판매 세일즈는 이제 아무도 환영하지 않을 뿐더러 세일즈란 직업 자체도 환영받지 못하는 추세다. 그래서 요즘은 소비자를 세일즈맨으로 탈바꿈시키는 다단계 판매를 도입하는 회사도 많이 생겼다. 지난 5년간 고도화된 인터넷 기술과 더불어 인색해진 사람들의 마음으로 인해 세일즈가 더 어려워졌다고 말하는 사람도 많다.

그런데도 불구하고 세일즈를 지원하는 사람들은 갈수록 늘고 있고 모든 제조, 판매와 관련된 회사들은 그 어느 때보다도 우수한 세일즈맨을 필요로 하고 있다. 현대인의 지적 호기심과 소비 욕구를 품위 있게 만족시켜줄 수 있는 전문 세일즈맨을 애타게 찾고 있는 것이다. 자사 제품의 가치를 높여줄 수 있고, 소비자에게 폭넓은 전문 지식과 인간적인 신뢰를 줄 수 있는, 그래서 스스로를 시장에서 차별화할 수 있는 사람 말이다.

사실 그런 사람을 구하는 것은 하늘의 별따기나 다름없다. 세일즈는 정해진 공식에 따라 해나갈 수 있는 그런 일이 아니다. 그러니 이런 다양한 업무를 소화할 수 없고, 새롭게 주어지는 일을 유연하게 처리하지 못하는 고지식한 사람들은 스트레스에 시달리고 우울증에 걸리기에 십상이다.

게다가 나이가 많은 사람은 컴퓨터 사용에 대한 부담감 때문에 애를 먹기도 한다. 이메일로 정보를 요청하는 얼굴 없는 고객들을 어떻게 설득해야 할지 난감하다. 그들이 고객에게 제공할 수 있는 유일한 서비스는 가격 할인밖에 없다. 엄청난 소비량 덕분에 미국은 다른 나라들보다 소비자 가격이 월등히 낮아 자동차 한 대를 팔아도 판매점에 떨어지는 커미션이 많지 않다. 판매가가 공장도 가격 이하로 내려가면 기본 오십달러에서 이백달러 정도의 최소 커미션이 주어지게 된다.

판매점에 따라 기본 커미션이 달라지기도 하지만 세일즈맨이 고가의 자동차 한 대를 팔아서 200달러(한국 돈으로 환산하면 약 22만원)를 번다는 것은, 미국을 제외한 다른 나라에서는 상상하기 어려운 일이다. 그러나 미국의 현실이 그렇다. 그 돈을 벌자고 나이 지긋한 중년의 신사가 컴퓨터 앞에 앉아서 고민하는 모습을 상상해보라.

이처럼 세일즈를 하면서 맞닥뜨리는 문제늘은 대부분 경제적인 것이다. 그로 인해 이혼한 세일즈맨들도 많다. 내가 일하는 판매점만 봐도 나 이외에는 모두 남자인데 그들 대부분이 이혼했다. 어떤 동료는 세번이나 이혼했다고 한다. 한 세일즈맨은 판매점이 문을 닫는 일요일도 출근해 손님을 맞이한다. 아침 8시에 출근해 저녁 8시까지 매일 일한다. 그들은 세일즈와 결혼한 사람처럼 일중독이 되어 살고 있다.

이런 상황에서 어떻게 가정생활이 원만할 수 있겠는가? 수입이 일

정치 않은 것도 큰 문제다. 어떤 달에 돈을 많이 벌어 더 좋은 집으로 이사했는데 그 다음 달은 소득이 거의 없어 월세도 못 낸다면 신용이 나빠지기 십상이다.

그뿐인가? 고가의 명품차를 판매하기 위해서는 거의 매달 교육을 받고 시험을 치러야 한다. 중저가 차량 판매점에 많은 세일즈맨이 몰려 있는 이유는 그런 교육을 조금 덜 받아도 되기 때문이다.

많은 동료들이 세일즈도 힘든데 시험에 떨어졌다고 고민하는 모습을 볼 때마다 안타까운 마음이 든다. 그래도 자존심 때문에 남에게 시험을 대신 치러달라고 말하는 이는 거의 없다. 결국 기본적인 과정은 세일즈맨 스스로 다 해낸다. 세일즈로 실적을 올리는 것은 아무리 열심히 해도 잘 안 되는데, 공부는 내가 노력하면 되는 거라 생각하고 열심히 한다. 나이가 들수록 다른 직종들은 좀 더 편하게 일하게 되고 힘든 업무는 새로 들어온 사람들이 맡게 되는데, 세일즈는 거꾸로 나이가 들면 들수록 힘든 직종이다.

오랫동안 세일즈를 하면서 점점 가난해지는 사람들도 보았다. 처음에는 의욕적으로 일하다 한계에 부딪쳐 결국에는 가족들도 등을 돌리고 고독한 노후를 맞이하는 사람도 간혹 있다. 세일즈를 오래한 사람들일 수록 인생에 대해 비관적이 되기 쉬운 이유도 이 때문일 것이다.

어느 나이 지긋한 일본계 미국인과 함께 일한 적이 있다. 그는 '아큐라'라는 혼다 자동차를 판매하다가 벤츠 판매점에 들어왔다. 어느 토요일, 아침부터 비가 내려 모두들 걱정스레 창밖을 내다보고 있었다. 나는 그에게 "오늘은 비가 많이 와서 차를 보러 오는 사람이 별로 없겠네요"라고 말을 걸었다. 그는 밝게 웃으면서 "그 대신 이런 날은 꼭 구입할 사람만 매장을 방문하지요"라고 내게 말했다. 그 말을 듣고 나는 정말 긍정적인 태도라고 생각했다.

그런 그가 실적 부진을 이유로 회사를 떠나게 됐다. 직속 상사가 어렵게 퇴사를 종용하는 말을 꺼냈을 것이다. 그는 조용히 짐을 싸고는, 먼 하늘만 쳐다보는 상사를 찾아가 "그동안 고마웠습니다. 지금까지 좋은 회사에서 일했다고 생각합니다. 언제든 사람이 필요하면 연락해주십시오"라고 말했다. 많이 속상했겠지만 감정을 절제하고 사무실을 떠나는 그 모습이 보기 좋았다.

어떤 사람들은 "때가 되면 언제든 심리적으로나 경제적으로 회사를 떠나서도 생활할 수 있는 준비를 해둬야 한다"라고 말한다. 세일즈와 관련해서도 이는 맞는 말이다.

세일즈는 평생 직업으로 생각하고 열심히 해도 좋은 실적을 거두지 못하면 계속할 수 없는 일이다. 반면에 세일즈 능력이 탁월해 회사가 간절히 원한다 하더라도 본인이 싫으면 오래 하기 힘든 것도 세일즈다. 세일즈로 성공해 멋진 인생을 살아보려 했는데 가족을 잃고 노년까지 이 회사 저 회사를 기웃거린다면 그와 같은 비극이 또 어디 있겠는가?

세일즈도 끝까지 잘하고 인생에서도 성공하고 싶은 사람이 있다면 세일즈가 단지 숫자로 표시되는, 실적이 전부인 게임이라 생각해서는 안 된다. 성공한 세일즈는 실적으로만 평가되는 것이 아니다. 세일즈는 인생에서 성공하는 길을 찾는 방법 중 한 가지라 할 수 있다.

인생에서 성공이란 인간관계에서 성공하기, 재정관리에 성공하기, 독실한 신앙심 갖기, 결혼생활과 자녀 양육에 충실하기 등등 인생의 모든 면에서 성공하는 것을 의미한다. 세일즈는 단지 인생의 일부일 뿐이라는 사실을 잊지 말아야 한다. 자신의 삶을 세일즈에 모두 투자하고 높은 실적만 바라보며 달려가다가는 위에서 언급한 사람들처럼 인생에서 많은 것을 잃게 된다.

희로애락에 휘둘리지 마라

"당장 회사를 떠나게 되어도, 심적으로나 경제적으로
확실하게 준비된 내가 되기 위해 오늘도 난 열심히 세일즈를 즐긴다.
누가 뭐라 해도 준비된 자에게는 늘 새로운 기회가 찾아오는 법이다."

두 명의 세일즈맨을 소개하고자 한다. 첫 번째 사람은 전에 내게서 벤츠를 구입한, 보험업계에서 세일즈를 하던 한국분이다. **70세**가 넘은 연세에도 불구하고 생활고 때문에 지금까지도 퇴직하지 않고 계속 세일즈를 하고 있다. 이 분은 평생 이 회사, 저 회사를 옮겨 다니며 만나는 사람마다 저축의 필요성과 투자 혹은 상속의 필요성을 설명하면서 보험 세일즈를 해왔다.

그의 이야기를 듣고 보험 세일즈로 큰돈을 벌겠다며 직장을 그만둔 사람도 꽤 된다. 나도 그분 말에 솔깃해져, 몇 달 동안 보험업계에 뛰어들어 자격증을 땄지만 실제로 돌아가는 상황을 파악하고는 바로 그만두었다. 그의 이야기를 듣다 보면 돈을 버는 것이나 투자가 무척 쉬워 보여, 잘못된 길을 선택한 사람들도 상당수다. 그를 '사기꾼'이라고 부르는 사람도 있었다.

그는 거의 반평생을 '돈을 많이 벌 때 비상시를 위해 저축하고 투자하라'고 말하면서 사람들을 보험에 가입시켰다. 그런데 아이러니하게도 자신은 저축을 제대로 못했는지 늘 생활고에 찌든 모습이었다. 차도 더 작은 것으로 리스를 하고, 집도 작고 싼 곳으로 옮겼다 한다. 노인이 되고 나서는 사람들에게 외면당할 때도 있다.

그런 중에도 여전히 자신의 세일즈에서 근본적으로 어떤 점이 잘못되었으며 모순이 있는지 전혀 생각지 않고, '어떻게 하면 보험을 더 판매하고 사람을 더 끌어들여 커미션을 더 많이 받을 수 있을까' 하는 궁리만 하는 것처럼 보인다.

그의 말에 따르면 젊었을 때 연봉이 30만 달러(지금의 5억 원 정도) 가까이 되었다고 한다. 그때 당시 보통 사람의 1년 연봉이 기껏해야 3

만달러 정도였으니, 남들보다 **10**배나 더 많은 돈을 번 것이다. 그런데 지금은 평생 살림만 하던 부인이 미용실에서 파트타임으로 일하고, 자신은 퇴직할 나이임에도 세일즈를 계속하고 있다.

세일즈 직종에서 한때 성공했다는 사람들을 보면 과거의 영광에 집착하느라 정작 인생의 중요한 과제는 방치하고 신경 쓰지 못한 사람들이 태반이다. 그런 사람들은 젊었을 때 어마어마한 커미션을 벌었다는 무용담을 늘어놓곤 하는데 막상 현재는 일반 직장을 다니다 퇴직한 이들보다 경제적으로 많이 뒤쳐져 있다.

잘나갈 때 신나게 놀러 다니고, 맛있는 것 먹고, 입고 싶은 것은 모두 사고, 이혼하고 재혼하고 그러다 황혼을 맞이하는 세일즈맨은 수도 없이 많다. 모든 문제의 원인은 세일즈 직종에 종사하는 사람들의 수입이 고정적이지 않다는 데 있다. 엄밀히 말하면 수입이 고정적이지 않은 것도 중요한 이유지만 그보다도 큰돈을 제대로 관리하지 못해 이같은 힘겨운 상황에 처하는 것이다.

이 세일즈맨은 교회에서 장로를 맡고 있다. 새벽에 일어나 운동하면서 매일 건강 관리에 신경 쓴다 한다. 책도 많이 읽고, 부지런히 사람도 만나러 다닌다. 일에 대한 집중도가 지나친 부분마저 있다. 자나 깨나 보험 얘기뿐이다. 그런데도 불구하고 재정관리에 있어서는 문제가 많다. 그렇다고 그가 게으른 것도 아니다. 성격에 특별히 문제가 있는 것은 더욱 아니다. 돈을 대책 없이 마구 써대는 스타일도 아니다.

항상 남의 말에 신경 쓰면서 좋은 인간관계를 유지하려 애쓰지만 결국 사람들은 그에게 등을 돌린다. 나조차도 그를 피하고 싶다. 어쩌다 마주치면 내게 자꾸 세일즈를 하려 하고 보험에 끌어들이려 하기 때문이다. 그가 간절하게 세일즈에 매달릴 수밖에 없는 이유는 '사람들에게 보험이 필요해서'가 아니라 '그분에게 당장 돈이 필요하기 때문'이다.

또 다른 사람은 워싱턴 일대에서 자동차 세일즈를 한다. 이 사람은 수도 없이 판매점을 옮겨 다니며 이 자동차를 팔다 저 자동차를 팔다 했다. 앞에서도 잠시 언급했지만 그 사람은 렉서스 세일즈맨이다.

한인이 일하고 있는 판매점을 찾아가서, 자신이 능력 있는 세일즈맨이라며 호언장담을 하고 일단 자리를 꿰차면, 그곳에서 일하던 한인 세일즈맨들은 그의 등쌀에 다른 판매점으로 옮겨간다. 벌써부터 그를 알고 있었던 나는, 초창기서부터 함께 일해온 벤츠 판매점이 그를 고용하려 한다는걸 알고 크게 실망 했었다. 그리고 이미 언급한 대로, 실적이 저조하자 판매점은 나를 다시 고용했고, 그는 또 다시 설 자리를 잃고 말았다. 결국 인근 다른 판매점으로 자리를 옮겨, 예전과 마찬가지로 기존의 일하던 한인 세일즈맨을 몰아 내고 여전히 자동차를 팔고있다.

그 사람에 대해 내가 말하고자 하는 것은 저축에 관한 부분이다. 그는 세일즈 수입에 불안감을 느껴서인지 아내와 작은 사업을 했는데 결국은 세일즈 실적도 떨어지고 사업 경영도 어려워졌다. 세일즈에서 번 돈을 모두 투자해 장사를 시작했는데, 몇 년도 지나지 않아 상황이 어려워졌다.

이같이 세일즈와 장사를 동일시해서는 안 된다. 장사는 투자가 필요하기 때문에 위험이 크지만, 아이템이 좋고 열정적으로 일하면 장래성이 있다. 반면 세일즈는 큰 투자 없이 시작해 단기적으로 돈을 모을 수 있지만, 결국 매달 처음부터 다시 시작해야 한다. 쌓이는 것은 없고 혹 있더라도 속도가 더디다. 그러므로 세일즈와 장사를 혼동하면 큰 탈이 난다. 더군다나 세일즈와 장사를 병행해서 하겠다는 생각은 매우 위험하다. 세일즈는 집중도가 떨어지면 기껏해야 실적이 나빠지는 정도지만 장사는 투자금조차 건지지 못할 수 있다. 한 가지 일에 최선을 다할 때 더 크게 성공하고 이윤을 얻을 수 있는 것이다.

나는 잘나가던 세일즈맨들이 이 일 저 일에 손댔다가 모두 다 잃는 경우를 많이 보았다. 보험 세일즈를 하던 사람이 잡지사 사장을 한다든지, 부동산 중개업을 하던 사람이 미용실을 차린다든지, 융자를 알선하는 일을 했던 사람이 꽃가게를 한다든지 하는 것은, 자신이 평소에 세일즈에서 훌륭한 능력을 발휘했던 것을 믿고 일을 벌였다가 큰 코 다치는 경우다. 하고 있는 세일즈와 관련이 있는 사업을 하더라도 결과는 마찬가지다. 따라서 세일즈를 하는 배우자를 둔 사람들은 액수가 적더라도 고정적인 월급을 받을 수 있는 일자리를 구하는 것이 안전하다.

동료 한 사람이 자신의 얘기를 들려준 적이 있다. 차를 팔았는데 수익이 자신에게는 1만 돌아오고 판매점이 9를 갖는 것을 보고 욕심이 생겨, 큰 융자를 내서 조그만 판매점을 차렸다고 한다. 2년 만에 사업은 완전히 망했고, 빚을 갚지 못해 신용이 나빠진데다가 이혼까지 당했다고 한다. 예상치 못한 세금과 법적인 분쟁도 대처하기 어려운 일이라며 그는 고개를 절레절레 흔들었다. 물론 상사와 고객의 눈치를 봐야 하는 세일즈도 절대 쉬운 일은 아니지만, 무엇보다도 잃는 것보다 얻는 것이 많다는 사실에 감사하며, 저축하는 길만이 돈을 모으는 지름길이다.

보험업계에서 잠시 일할 때, 어떤 한인 부부를 만났다. 남편은 융자와 관련한 일을 해왔고, 부인은 학교에서 사무를 보고 있었다. 사람들의 권유로 부부가 보험 세일즈를 하기로 결정했다는 사실을 알고 나는 내 생각을 솔직히 말하고, 부인은 학교에서 계속 일하는 것이 좋겠다고 조언했다.

주차장에서 선 채로 몇 시간을 얘기하며 세일즈 수입에 두 부부가 모두 의지하는 것만큼은 피하라고 충고했다. 그런데 그들은 오히려 내가 경쟁자를 줄이기 위해 그런 말을 하는 것으로 오해한 것 같았다. 그러면서 자신이 학교에서 받는 월급은 터무니없이 적어서, 당장 수입을 늘려야 한다고 항변하기에 나는 서둘러 대화를 마무리했다.

그 부부는 경제적으로 상당히 위험한 처지에 놓여 있었다. 며칠간 그 부부와 함께 보험 교육을 받으면서 하루는 점심시간에 함께 식당에 가자고 제안했다. 그런데 그들이 서로 눈치를 보다가 집에 가서 라면을 끓여 먹겠다고 하는 것을 보고, '저런 상황에서 세일즈를 시작하면 많이 힘들겠다'는 생각이 들었다. 결국 부부가 모두 보험 자격증을 취득하고 몇 달간 고전하더니 부인은 학교에서 계속 일하기로 했다면서 보험을 그만두었고, 결국 그 남편도 보험 세일즈를 떠났다.

장기적인 안목으로 바라보고, 어려울 때를 대비해 부지런히 저축한다면 샐러리맨의 고정 월급보다는 수입이 많으므로 장점이 많은 직업이 세일즈다. 또한 실적이 좋고 손님들의 인정을 받는 세일즈맨을 마다할 회사가 어디 있겠는가? 회사에서 세일즈 부서가 없어지는 일도 절대 없다. 사실 자신이 불안해서 더 일할 뿐이지 조금 놀면서 일하는 것도 가능하다. 출퇴근 시간을 칼같이 지키지 않는다고 해고당하거나 하지도 않는다. 경기가 나쁘면 나쁠수록 더욱 빛을 발하는 직업도 세일즈다. 탁상공론에 뛰어난 사람은 일반 회사에서나 통할 뿐, 세일즈 세계에서는 실적이 뒷받침되지 않으면 허수아비 취급을 받는다. 다른 말로 하면, 실적이 좋지 못한 미국인보다 어색한 영어 발음으로 떠드는 실적이 좋은 외국인을 알아주는 데가 세일즈 세계다.

당장 회사를 떠나게 되어도, 심리적으로나 경제적으로 만반의 준비가 된 사람이 되기 위해 오늘도 난 열심히 세일즈를 즐긴다. 누가 뭐라 해도 준비된 자에게는 늘 새로운 기회가 찾아오는 법이다. 우왕좌왕하며 희로애락에 휘둘리지 말고, 굵고 곧은 여러 가지들이 함께 뻗어나가듯 세일즈맨과 그 가족, 그가 몸담은 회사, 더 나아가 사회도 함께 성장해야 한다.

적게 벌거나 많이 벌거나 분수에 맞게 씀씀이를 조절하며 저축해야 쉴 나이가 되었을 때 편안하고 자연스럽게 노후를 즐길 수 있다. 모든 것이 자연스럽고, 누가 봐도 착실하고 안정되게 세일즈하는 사람이 오래 가는 것이다. 결국 세일즈를 오래 하기 힘들게 만드는 것은, 세일즈맨 자신이지 세일즈 환경 자체가 아님을 늘 기억해야 한다.

품위를 잃으면 모든 것을 잃는다

"이 게임을 통해 나는 세일즈를 하면서 품위를 잃게 되느니
차라리 거래가 성사되지 않는 편이 더 낫다는 교훈을 배웠다.
그리고 그 교훈은 이제 막 세일즈를 시작한 내가
세일즈맨으로서 이미지를 다지는 초석이 됐다."

어느 날, 판매점 사장이 내게 이것저것 물어왔다. 나는 대충 대답하고 볼일을 보고 있었다. 그런데 동료들이 달려와 마치 큰일이라도 난 것처럼 호들갑을 떨었다. 이유인즉, 그 사장은 매니저급 이하의 세일즈맨하고는 눈도 마주치지 않는데 신입사원인 내게 말을 걸었다는 것이다. 그 후로도 사장은 회의 시간에 수시로 내게 질문을 했다.

드림 러쉬

한번은 판매점에서 세일즈와 관련된 일을 하는 모든 직원에게 고급 호텔의 아침 뷔페를 제공했다. 식사가 끝나갈 무렵, 사람 키만 한 투명한 플라스틱 통이 식당 앞쪽에 놓였다. 그리고 그 안에 들어가 공중에 휘날리는 돈을 붙잡는 이상한 게임이 시작됐다. 플라스틱 통에는 1달러짜리부터 100달러짜리까지 지폐가 잔뜩 들어 있고 밑에서 바람이 불면, 사람들이 그 안에 들어가 흩날리는 돈을 붙잡는 게임이었다. 나는 난생 처음 해보는 게임이라 어리둥절했지만 다른 직원들은 벌써 여러 번 해본 모양인지 신나서 환호성을 질렀다.

1분 동안 플라스틱 통 안에서 붙잡은 돈은 모두 그 사람이 갖는다고 했다. 갑자기 사람들이 돌변하기 시작했다. 평상시 점잖았던 사람도 그 안에 들어가니 우왕좌왕하며 난리법석을 떨었다. 그 모습을 보고 사람들은 배꼽을 잡았다. 평상시 선탠으로 다듬어진 세련된 몸매와 멋진 옷차림을 자랑하며 거만하게 굴던 한 여직원은 맨발로 들어가 발가락까지 동원해가며 돈을 잡았다.

그런데 어느 순간 통 안에 들어간 사람들의 모습을 진지한 표정으로 관찰하는 사장의 모습이 눈에 띠었다. 그것은 단순히 즐거움을 주기 위한 게임이 아니었다. 엄청난 돈을 뿌려놓고 게임을 시키는 데는 그만한 이유가 있지 않겠는가.

물론 판매점이 전체적으로 좋은 실적을 거둬 보너스를 주기 위한 게임일 수도 있지만, 그것은 인성 테스트를 하기에 안성맞춤인 게임이었다. 돈을 우선시하면 진정으로 훌륭한 세일즈맨이 될 수 없다. 항상 세일즈맨으로서의 품위를 잃지 않는 것이 중요하다. 조금이라도 더 붙잡기 위해 아우성인 동료들을 보며 나는 고급 호텔의 값비싼 식사를 하고 멋진 정장을 차려 입고는 인간의 본성을 드러내며 치졸해지는 모습이 매우 아이러니 하다는 생각이 들었다.

드디어 내 차례가 왔다. 다들 호기심에 가득 찬 눈빛으로 나를 쳐다봤다. 나는 얌전히 그 안에 들어가 서서히 돈이 날리기 시작할 때쯤, 두 손으로 바닥에 있는 돈을 한 뭉텅이 집어 들었다. 그리고 돈을 더 잡지 않고 1분 동안 가만히 서 있었다. 내 손에는 이미 한 뭉텅이의 돈이 들려 있었기 때문이다.

사람들은 웃음을 멈추고 가만히 서 있는 나를 바라봤다. 1분이 지나고 내 손에 들려 있는 돈의 액수가 다른 사람보다 훨씬 많다는 사실이 밝혀지자 사람들은 "그건 반칙입니다"라고 외쳤다.

나는 마이크를 잡고 "돈을 호주머니에 집어넣지 말라는 규정밖에 없었습니다"라고 반박했다. 돈을 세는 심판관은 난감해하더니, 지금 막 새로운 규정을 만들었다면서 돈이 모두 공중으로 날리기 시작한 상태에서만 잡을 수 있다고 말했다. 나는 억울했지만 다시 통 안에 들어가 게임을 했다.

이번에는 들어가자마자 100달러짜리들이 어디 있는지 재빨리 확인했다. 서서히 돈이 날리기 시작하자 나는 온 정신을 집중해 100달러짜리들과 50달러짜리들을 찾았다. 1달러짜리는 아예 쳐다보지도 않았다. 100달러짜리를 하나 잡으면 바로 왼손으로 옮겨 쥐었다. 이렇게 하니 1분 동안 400달러 이상을 잡을 수 있었다. 게임이 끝나갈 때쯤 내 손에 1달러짜리가 떨어졌는데 다른 돈을 놓칠까봐 털어내고 플라스틱 통에서 나왔다.

나는 게임을 하는 동안 돈 때문에 우스꽝스럽게 되거나 내 이미지를 망가뜨리지 않았다. 그러고도 다른 사람보다 두 배나 많은 돈을 손에 넣었다. 내 차례 이후에 게임한 사람들이 내 방법을 따라 했지만 그것 또한 쉽지 않았다. 사장은 대단히 만족스러운 표정으로 나를 보며 고개를 끄덕였다.

이 게임을 통해 나는 세일즈를 하면서 품위를 잃느니 차라리 거래가 성사되지 않는 편이 더 낫다는 교훈을 배웠다. 그리고 그 교훈은 이제 막 세일즈를 시작한 내가 세일즈맨으로서 이미지를 다지는 초석이 됐다.

3장

사람들을 감동시킬
나만의 '업業'을 찾아라

MCJ International Inc.

누구나 할 수 있지만
아무나 해서는 안 되는 일

"세일즈의 기본 원칙은 모든 직업에 적용된다. 자신의 전문성과 희소성을 시장에 잘 알려 몸값을 올리는 일에도 세일즈가 적용된다. 자신을 제대로 세일즈하지 못하면 늘 평가절하당하고 만다."

어린 시절 나는 위인전을 읽으며 이다음에 커서 훌륭한 사람이 되겠다고 다짐하곤 했다. 학교에 들어가기 전의 꿈은 '대통령 부인'이 되는 것이었다. TV로 박정희 대통령 옆에서 한복을 곱게 차려 입고 국민들의 사랑을 한 몸에 받는 육영수 여사를 보고는 넋이 나가버렸다. 내 꿈을 말씀드리자 부모님은 웃으시며 "남편을 잘 만나야겠구나"라고 하셨다. 그런데 '육영수 여사 저격 사건'을 목격하고는 마음이 바뀌었다.

그 다음에는 퀴리부인에 대한 책을 읽고 '위대한 과학자'가 되기로 결심했다. 그런데 아무래도 나는 이과보다는 문과나 예체능 쪽에 재능이 있는 것 같아 마음을 접었다. 그 후 영국의 여자 수상 마가렛 대처의 위인전을 읽고 이거다 싶었다. 멋진 정장을 차려입고 수많은 남자 정치인들 가운데 선 그녀의 모습을 보고 가슴이 뛰었다. 그 꿈은 오랫동안 계속되어 미국에 와서 정치학을 공부하는 계기가 되었다.

어린 시절부터 내 성장 과정을 지켜본 사람들은 한결같이 "세일즈는 네게 어울리지 않는다"라고 말한다. "돈도 잘 벌고 내가 즐거우면 됐지 뭐가 문제냐" 하고 언짢아하면 다들 "세일즈는 아무나 할 수 있잖아. 너처럼 능력 있는 사람이 그런 일밖에 못하냐"며 답답해한다. 난 오히려 그 사람들이 답답하다. '세일즈는 아무나 할 수 있다'는 생각은, 오늘날과 같은 자본주의 사회에 시대에 뒤떨어진 사고방식이라 할 수 있다.

간단한 예를 들어보자. 사람들은 일반적으로 회사 사장은 아무나 할 수 없다고 생각한다. 회사를 차리려면 일단 자본이 있어야 한다. 그리고 그를 믿고 기꺼이 자신의 재능을 투자하려는 직원이 필요하다. 그들을 위해 사장은 되도록이면 근사한 일터를 제공해야 한다. 이 모든 여건을 갖췄을 경우 사장은 다음으로 어떤 일을 해야 할까? 사장실에 앉아서 결재나 해주고, 골프를 치고, 만날 휴가나 떠나야 할까? 만약 그런 사장이 있다면 그 회사는 몇 달도 안 되어 망하고 말 것이다.

회사의 사장은 부하직원들이 하기 어려운 일, 즉 제품을 납품할 수 있는 곳을 찾아 거래를 터야 한다. 그런 거래처가 오래 기다리면 저절로 생기는가? 그렇지 않다. 발로 뛰어야 한다. 그리고 큰 건의 거래를 성사시켜야 한다. 자기 회사의 제품이나 서비스의 이점을 설명하고 기회를 달라고 부탁해야 한다.

회사의 규모가 어느 정도 커져서 전문 세일즈 인력이 보강되면, 한 걸음 물러서서 거래를 조정한다 뿐이지 여전히 사장은 세일즈에 중점을 두고 일해야 한다. 사장이 아무리 열심히 서류를 작성하고 밤새 컴퓨터를 두들기며 뭔가 신기한 것을 만들어내도 세일즈 능력이 없으면 그의 성실성과는 상관없이 회사는 도산하고 만다.

경영은 사람과 돈을 다루는 일이다. 마찬가지로 세일즈도 사람과 돈을 다룬다. 사람과 돈을 잘 다루는 세일즈맨은 경영을 해도 잘한다. 왜냐하면 업무 자체가 성격이 비슷하기 때문이다.

세일즈가 필요하지 않은 직업은 거의 없다. 내가 아는 어떤 사람은 존스홉킨스대학에서 의사 자격증을 취득했는데 또다시 비즈니스 공부를 시작했다. 너무나 의외여서 이유를 물었더니 "요즘에는 병원들이 의사의 치료 능력보다 환자 유치 능력을 더욱 중시한다"고 대답했다. 대기업의 CEO가 병에 걸려 수술을 해야 한다면 동네의 아무 병원이나 찾아가겠는가? 이제는 의사도 자신의 의술을 홍보하고 마케팅해야 하는 시대가 되었다. 그들에게는 환자가 곧 고객이다. 환자가 아무것도 모른다고 해서 질병에 대해 대충 설명하고는 수술을 받아야 한다고 겁을 주면, 환자가 "선생님, 살려주세요" 하면서 의사의 바짓가랑이에 매달리는 시대는 지났다.

이치럼 세일즈의 기본 원칙은 모든 직업에 적용된다. 자신의 전문성과 희소성을 시장에 잘 알려 몸값을 올리는 일에도 세일즈가 적용된다. 자신을 제대로 세일즈하지 못하면 늘 평가절하당하고 만다. 생각해보라. 당신이 명문대를 졸업했다고 하자. 명문대를 나온 사람은 모두 좋은 곳에 취직되는가? 물론 그렇지 않다. 명문대 졸업생 중에는 몇 년 동안 직장을 구하지 못하는 이도 있고, 대기업에 취직하는 사람도 있다. 똑같이 노력하고 성적도 비슷하고 재능도 별 차이가 없는데 왜 어떤 사람은 대기업에 들어가고 또 다른 사람은 몇 년 동안 임시직 생활을 벗어나지 못하는 걸까? 바로 '자기 자신을 직업시장에 제대로 내놓는' 세일즈 능력에서 차이가 나기 때문이다.

내 경험을 돌아볼 때 비정규직이라 해서 절대 쉬운 일을 하는 것은 아니다. 정부 계약직에서 일할 때는 불편한 출퇴근 환경과 적은 월급 같은 문제뿐 아니라 몇 달 동안 하루 종일 컴퓨터만 들여다보느라 시력이 크게 나빠졌다. 유치원 보모나 웨딩 코디네이터 같은 직업은, 뱃속의 아기를 유산할 뻔할 정도로 육체적으로 힘들었다. 내 자신의 능력을 남들에게 제대로 어필하지 못하니까 내게 주어지는 일거리 또한 남들이 기피하는 저임금 비정규직의 일들이 되는 것이다.

이제 당신과 내게는 두 가지 선택권이 있다. 세일즈 능력을 한 차원 높여 더 나은 인생을 살겠는가? 아니면 지금처럼 남들이 내 인생의 가치를 제멋대로 평가하도록 내버려두겠는가? 남들이 말하는 내 인생의 가치는 정말로 별 볼 일 없을지도 모른다. 그러나 이 점을 반드시 기억하기 바란다. 남들이 아무리 하찮게 말한다 할지라도 당신과 내게는 그 인생이 '유일한 전부'라는 사실 말이다.

'세일즈를 평가절하'했던 내 주위 사람 중 한 사람은 무책임한 주

투자가에게 퇴직금을 전부 맡겼다가 모두 잃었다. 그 주식투자가를 어떻게 만났느냐고 물었더니 동네 아주머니가 소개해주었다고 한다. 그 사람은 내 지인을 허황된 말로 '유혹해' 많은 커미션을 챙겼다. 지인은 도무지 신뢰가 가지 않는 세일즈맨을 믿고 퇴직금 전부를 맡긴 셈이다. 그분이 만약 책임감 있는 전문 세일즈맨을 만났더라면, 노년 인생은 분명 지금과 달랐을 것이다.

지인의 말처럼 세일즈는 정말 아무나 할 수 있다. 그러나 누구나 제대로 해내는 것은 아니다. 세일즈 능력을 개인의 뛰어난 재능으로 인정해주는 주지 않는 한, 이런 '아무나 하는 세일즈'의 피해자는 계속 늘어날 것이다. 머릿수를 채우기 위해 그런 세일즈맨을 계속해서 끌어들인다면 회사 또한 발전할 수 없을 것이다. 사회와 국가가 건전한 방향으로 나아가기 위해서는 전문 세일즈맨을 육성해야 한다. 더 나아가 그들이 능력을 최대한 발휘할 수 있도록 더 좋은 인센티브시스템을 마련해야 한다.

재능과 삶의 가치 사이에서

"미련하고 끈기가 있는 사람들은 힘들어도 포기하지 않고 열심히 일한다.
당장 거래가 성사되지 않아도 나중에 다시 시도한다.
한동안 실적이 없다고 낙담해서 일을 관두거나 하지도 않는다."

어느 날 점심시간에 **30**대 중반의 한국 여성이 판매점으로 나를 찾아 왔다. 그녀는 오래 전부터 벤츠 세일즈를 해보고 싶었다며 내게 조언을 청했다. 그녀를 보니 내가 자동차 세일즈 일을 하기 위해 이 판매점 저 판매점 돌아다니던 시절이 생각 났다. 나는 그녀를 인근의 일식집으로 데려가 점심을 대접했다. 그녀는 한국에 있을 때 작은 개인 사업을 했는데 고급 손님들을 상대하는 세일즈가 자신의 적성에 맞는다고 이야기 했다. 열정적으로 장래 희망을 말하는 그녀의 얘기를 듣고 있자니 나도 마음이 들뜨는 것 같았다.

그러나 신이 나서 자신의 포부를 밝히는 그녀에게 자동차 세일즈가 실제로 어떤 것인지 설명해줘야겠다는 생각이 들었다. 그녀는 자신의 궁극적인 목표는 자동차 세일즈가 아니며 그것은 단지 부유층 고객을 만나기 위한 도구에 불과하다고 말했다. 또한 아이들이 학교에 간 오전에만 잠깐 근무하고 싶다고 했다. 그래서 그녀에게 모든 세일즈는 정해진 월급을 받는 일들과 달리 근무시간 외에 일을 더 해야 할 때가 있다고 말해줬다. 토요일에도 매주 일해야 하며, 어떤 때는 일요일에도 일할 때가 있다고 알려줬다.

또한 일반적으로 세일즈를 하는 사람들에게는 기본급이 거의 없다는 것과, 차를 한 대 팔면 세일즈맨이 어느 정도의 커미션을 받는지 알려줬다. 그녀는 얼굴이 새파래지더니 "그런 적은 커미션을 받고 어떻게 그렇게 장시간 일하냐?"고 했다. 나는 계속해서 세일즈를 하면서 겪은 힘든 일들을 얘기해줬다. 그리고 "모든 일이 그렇듯 세일즈는 일한 만큼 버는 직업"이라고 덧붙였다. 식사를 마친 그녀는 "세일즈란 직업이 생각했던 것과 많이 다르다"며 자리에서 일어섰다.

어떤 사람이 세일즈를 잘할 수 있는 사람인지 여부는 쉽게 알 수 있다. 무엇보다도 세일즈는 약간 미련해 보일 만큼 끈기가 있는 사람들이 잘한다. 이리저리 머리를 굴리면서 꾀를 부리고 더 큰 것을 바란다면 세일즈를 잘하기 어렵다. 세일즈는 누군가에게 뭔가를 판매해야 실적이 올라간다. 아무리 계획이 훌륭하고 능력이 있으며 겉으로 보기에 모든 것을 다 갖춘 세일즈맨이라 해도 판매 자체가 이루어지지 않는다면 아무 의미가 없다.

대부분의 사람들은 일이 잘 안 되면 쉽게 포기하고 다른 길을 찾는다. 그런데 미련하고 끈기 있는 사람들은 힘들어도 중도에 포기하지 않고 열심히 일한다. 당장 거래가 성사되지 않아도 나중에 다시 시도한다. 한동안 실적이 없다고 낙담해서 일을 관두거나 하지도 않는다. 그런 사람들은 일이 잘 안된다며 낙담하는 대신에 한 번이라도 더 고객에게 전화를 걸고 서비스를 받으러 찾아온 사람들에게 먼저 다가가서 친근하게 말을 건넨다.

세일즈를 잘하는 사람들에게서 공통적으로 찾아볼 수 있는 두 번째 특징은, 동료들과 수다를 떨지 않는다는 것이다. 내 동료들은 대부분 끊임없이 이 이야기 저 이야기를 하면서 하루를 보낸다. 일반인들은 세일즈가 말을 많이 하는 직업이라 생각하는데, 내 경우에는 하루 종일

한마디도 하지 않고 서류를 작성하거나 편지만 쓰다가 퇴근할 때도 있었다. 동료들과 간혹 이야기를 한다 해도 손님에 관해 정보를 교환하는 정도다. 새내기 세일즈맨들은 경험 많은 선배에게 세일즈를 배우겠다며 아무나 붙잡고 이야기를 나누는데, 그러다 보면 두세 달이 아무런 실적도 없이 훌쩍 지나가버린다.

세일즈를 잘하는 사람들의 세 번째 특징은, 제품을 열심히 공부할 뿐만 아니라 그 제품을 제대로 이해하기 위해 틈틈이 관련 서적이나 리뷰 기사를 들여다본다. 그들은 손님의 시각에서 제품을 보고 그들의 눈높이에 맞춰 설명할 수 있도록 항상 노력한다. 제대로 이해하는 것과 이해하지 못하는 것은 큰 차이가 있다. 사람들은 양복을 말끔하게 차려입은 사람이 제품을 설명하면 그 내용이 믿을 만한 것이라고 생각하는데, 대화를 하다 보면 그가 그 제품을 잘 알고 있는지 여부를 당장 알 수 있다. 세일즈맨이 어떤 혜택이 있다고 말했는데, 실제로는 그런 혜택이 전혀 없다면 고객은 크게 실망할 것이다.

세일즈에 관한 책들도 '어떻게 하면 세일즈를 잘할 수 있을까'에만 초점을 맞추고 고객에게 제품의 우수성을 과장해서 설명하는 것의 위험성과 같은 것은 언급하지 않는다. 나도 처음 세일즈를 시작했을 때는 전문 지식을 우습게 생각하고 공부를 게을리 했는데, 세일즈 경험이 쌓인 후에는 제품 지식을 바르게 전달하고자 노력하게 되었다.

세일즈를 잘하는 사람들의 네 번째 특징은 고객들의 말을 경청한다는 것이다. 그들은 고객이 무엇을 원하는지, 어떤 것에 관심이 있는지를 파악해 맞춤 세일즈를 하기 때문에 거래 성공률이 높다. 그들은 스스로는 말을 절제하고 제대로 듣는 연습을 한다. 그리고 고객의 가치관과 구입 동기를 재빨리 간파한다. 또한 적절한 질문을 던짐으로써 고객의 주위를 환기시킨다.

예를 들면 손님이 막연하게 자신은 2인승 스포츠카를 타고 싶다고 하면 손님 기분에 맞춰 스포츠카의 장점을 나열해 판매를 성사시키는 것이 아니다. 노련한 세일즈맨은 먼저 그 손님의 식구가 몇 명인지를 묻는다. 그리고 그가 2인승을 구입할 경우, 아이들을 차에 태울 일이 생기면 어떻게 할 것인지 묻는다. 또한 배우자가 그에 동의했느냐고 묻는다. 스포츠카가 겨울철에 눈길에 잘 미끄러진다는 사실도 알려준 뒤 그 경우 대신 사용할 수 있는 차가 있는지도 물어본다. 이렇게 하면 손님은 세일즈맨을 단순한 세일즈맨이 아닌 자동차에 대한 상담을 해주는 사람으로 인식한다. 그 결과 세일즈맨에 대한 신뢰도가 높아질 뿐 아니라 세일즈맨의 의견에 좀 더 귀를 기울이게 된다.

세일즈를 잘하는 사람들의 다섯 번째 특징은 인간적인 매력이 있다는 것이다. 사실 이는 꽤 민감한 부분이다. 독일 병정같이 딱딱하고 인간적인 면이라고는 찾아볼 수 없는 세일즈맨이 최고의 실적을 올리는 것을 가끔 보았기 때문이다. 어디를 가나 이런 성격이 고약한 세일즈맨이 있기 마련인데 그럼에도 불구하고 실적은 좋다.

이와 같은 현상은 이렇게 설명할 수 있다. 그가 최고의 성과를 거두는 이유는, 손님의 사랑과 신뢰를 받기 때문이 아니라 회사 내에서 정치를 잘하기 때문이다. 예를 들면 윗사람들에게 차 한 대를 팔 때마다 커미션을 나눠주면서, 큰 거래처나 인터넷을 통해 연결된 고객 정보를 넘겨 받을 수 있다. 또한 다른 사람의 고객을 남몰래 빼돌릴 수도 있다. 이들은 수단과 방법을 가리지 않고 악착같이 기회를 모색한다.

인간미가 전혀 없다 해도 성실하고 끈기가 있다면 세일즈를 성공시킬 수 있다. 그러나 이들은 한 번 차를 구입한 고객이 재구매를 하도록 유도하지 못하기 때문에 고객과의 인연을 오래 이어가지는 못한다. 또한 그들은 회사가 도와주지 않으면 세일즈를 잘할 수 없다. 이런 경우를 제외하고는 성공하는 세일즈맨들은 사람들에게 믿음을 주며 인간적인 매력이 있다. 이는 세일즈에 큰 도움이 된다.

세일즈를 잘하는 사람들의 여섯 번째 특징은, 평상시에 사람들과의 약속을 잘 지키기 때문에 신용이 좋다는 것이다. 나는 고객 평가점을 만점을 주거나, 주위 사람을 소개해준 손님들에게 우편으로 선물을 보낸다. 회사 내 우편시스템이 제대로 정착돼 있지 않았던 초창기에는, 내가 보낸 선물이 직원들 손을 거치면서 제대로 도착하지 않을까봐 불안해서 밤에 잠도 오지 않았다. 이렇게 하면 내 돈을 쓰면서도 마음이 그렇게 편할 수가 없었다. 선물을 보낼 **VIP** 고객들의 명단을 컴퓨터에 저장해 놓고 매주 확인한다. 중요한 것은 스스로가 믿을 만하고 고마움을 아는 사람이라는 것을 행동으로 보여주는 일이다.

세일즈를 잘하는 사람들의 마지막 특징은 일반적으로 집중력이 뛰어나다는 것이다. 이를 뒷받침해줄 수 있는 사례는 많지만 그 중에서도 군인 출신 세일즈맨이 실적이 높은 것을 들 수 있다. 그들은 사고 경로가 단순하면서도 확실해 한 가지에 몰두하면서도 지치지 않고 계속한다. 반면 생각이 복잡하고 머릿속이 어지러운 사람들은 세일즈에 집중하지 못하고 갖가지 일로 속을 끓이면서 조금만 어려운 일이 생기면 제대로 해결하지 못하고 나가떨어진다. 공부만 하던 사람이 의외로 세일즈를 잘하는 것도 이와 같은 맥락이다. 그들은 집중력이 높고 강한 정신력을 갖고 있다.

많은 세일즈 관련 책들이 '나도 할 수 있다'는 긍정적인 태도를 가지라고 조언하는 것에 나는 약간 회의를 느낀다. 세일즈 책에서 배운 대로 아무리 열심히 해도 성격이 맞지 않으면 훌륭한 세일즈맨이 될 수 없다. 나 역시 책이 제안하는 대로 세일즈 방향을 이리저리 바꿔봤지만 별다른 성과를 거두지 못했으며, 결국 내 본연의 모습을 보여주기로 결심했다. 나는 스스로를 전문가로 포장하는 일을 그만두고 진정한 전문가가 되기로 결심했다. 또한 나는 세일즈를 하면서 내가 세일즈에 필요한 여러 가지 자질들을 갖고 있음을 깨달았다.

나는 일하는 시간에 있어서도 출퇴근 시간을 칼같이 지키기보다는 좀 더 여유롭게 집중적으로, 그리고 효과적으로 일할 수 있는 쪽을 선택했다. 감기몸살에 걸리면 그날 하루는 손님이 있어도 약속을 미루고 내 자신을 돌보기로 했다. 때로 세일즈를 할 수 없을 정도로 마음이 가라앉을 때가 있는데 그럴 때는 회사에 전화해 하루 쉬겠다고 말하고 기분을 전환하기 위해 노력한다. 맛있는 것도 사먹고, 영화도 보고, 자연을 찾기도 한다. 남편과 대화를 나누고 아이들과 신나게 놀기도 한다.

열심히 일하는데도 성과가 없어 가혹하게 스스로를 채찍질하다가 몇 년 만에 중병에 걸린 사람도 보았다. 나는 그렇게 일할 필요는 전혀 없다고 생각한다. 누구를 위한 세일즈인가? '나도 할 수 있다'는 신념으로 일해 엄청난 돈을 벌었다 하더라도 건강과 사랑하는 사람들을 잃는다면 그게 무슨 소용이란 말인가? 세일즈를 할 때 쌍방의 입장을 조절하듯, 자신의 세일즈 재능과 삶의 가치 사이에서 제대로 균형을 잡지 못한다면 나중에 후회할 수 있다. 세일즈를 잘할 가능성이 높은 사람은 결국 스스로의 재능과 삶의 가치 사이에서 유연하게, 그리고 효과적으로 균형을 잡을 수 있는 사람이다.

전적으로 손님의 결정에 맡겨라

"손님의 입장에서 보면 내가 내 돈을 사용하는데
누군가가 무례하게 강요한다면 기분이 좋지 않을 것이다.
손님의 입장을 충분히 이해하고 그의 소비 성향을 객관적으로 파악해
손님 스스로가 만족할 수 있는 거래를 유도해야 한다."

조 지라드 **Joe Girard**는 자동차 세일즈 역사에서 전설적인 인물이다. 15년간 약 1만 3,000대의 차를 판매해 기네스북에 12년 연속 '세계 최고의 자동차 세일즈맨'으로 기록되었다. 이는 1년에 약 866대의 차량을 판매했음을 의미하며 하루도 빠짐없이 약 2~3대의 차를 판매했다는 뜻이다. 또한 날마다 적어도 예약 손님이 5~6명은 있었다는 것이다. 어느 곳을 방문하든 원하는 차를 살 수 있지만, 손님들이 오로지 그를 통

해서만 차를 구매했다는 뜻도 된다. 그의 손님들은 그에 대한 충성도가 높았고, 그는 찾아온 손님들이 지갑을 열게 하는 뛰어난 능력을 갖고 있었다.

그러나 15년 동안 세일즈를 한 이후의 삶에 대한 기록은 어디서도 찾아볼 수 없다. 어느 책에는 그가 7년간 자동차 세일즈에 종사했고 나머지 기간에는 저술과 강연 활동에 전념했다고 나와 있다. 하지만 또다른 책에는 또 다시 자동차 세일즈에 뛰어들어 계속 차를 판매했다고 나와 있고 세일즈 학교를 운영했다는 이야기도 있다. 정확한 사실은 확인할 수 없지만 아무튼 지라드가 35세 때부터 자동차 세일즈를 시작해 15년 동안 계속 쉐보레 자동차를 세일즈했다 쳐도 보통의 직업 경력과 비교할 때 그것은 그리 긴 시간이 아니다. 더욱이 기네스북에 오를 정도로 차를 많이 팔았다는 사실을 고려한다면, 그가 50세를 전후해 자동차 세일즈를 그만둔 것은 의외라 할 수 있다.

지라드의 《세일즈 불변의 법칙 12 How to Close Every Sale 》나 《최고의 하루 How to Sell Anything to Anybody》등을 읽어보면, 그가 세일즈에 입문하기 전에 무려 40가지의 직업을 전전했다는 사실을 알 수 있다. 결국 '고진감 래'쯤 말처럼 그에게 자동차 세일즈는 천직이 되었고 또 엄청난 수입을 벌어들였다. 사람들은 '노력한 것에 비해 많이 번다'는 생각이 들면 웬만해선 직업을 바꾸지 않는다. 또한 지라드는 회사의 슈퍼 스타이므로 대우가 남달랐을 것이다. 하지만 그럼에도 불구하고, 그에게는 세일즈를 그만둘 수밖에 없는 말 못할 사정이 있었을 것이다.

그가 쓴 《세일즈 불변의 법칙 12》의 목차를 보면 "제품이 아니라 자기 자신을 팔아라", "고객에게 판매가 된 것처럼 행동하라", "고객이 '아니오'라고 말하기 힘들게 하라", "고객과 함께 식사하라, 그리고 관찰하라", "거부반응은 관심으로 해석하라", "세일즈에서 주도권을 잡아라", "구매 결정을 못 내리는 고객을 설득하는 방법", "오늘 꼭 사야만 하는 이유를 제시하라", "고객이 거절하지 못하게 하는 세일즈 프레젠테이션 기법", "세부 사항을 모두 설명할 필요는 없다", "되돌릴 수 없는 처지로 고객을 밀어넣어라" 등이 거론돼 있다. 이를 보면 그의 세일즈 방식은 약간 강매하는 듯한 분위기를 풍긴다는 것을 알 수 있다. 이처럼 세일즈맨이 주도권을 잡고 강요하는 식으로 밀어붙이면 손님은 차를 사고난 후에도 스스로의 선택이 아니었다고 후회할 수 있다.

진정한 세일즈는 절대로 고객의 선택을 강요하는 것이 아니다. 물론 추천이나 권유를 통해 자신이 알고 있는 지식을 전달할 수 있다. 또한 손님이 망설일 때 '이런 기회가 또 오지 않을 수도 있음'을 상기시킬 수도 있다. 그리고 구매 준비가 되지 않은 손님에 대해서는 '충분히 생각해 보고 다시 오는 것이 좋겠다'고 오히려 객관적인 입장에서 그의 선택이 전적으로 그의 것임을 인정해줄 필요도 있다.

처음에 나는 세일즈에 관한 잘못된 교육과 정보를 바탕으로 준비가 되어 있지 않은 손님으로 하여금 무리해서 은행 융자를 얻어 차를 구입하도록 했는데, 후에 손님들은 그에 대해 불만을 표시했다. 몇몇 손님들은 "자신들은 전혀 차를 살 마음이 없었는데 판매점을 방문했다가 세일즈우먼 때문에 얼떨결에 차를 샀다"고 타박하기도 했다. 차의 구매가 전적으로 그들의 선택에 의한 것이 아닐 경우, 어떤 이들은 서비스에 문제가 있을 때마다 나와 연관시켜 입장을 곤란하게 만들었다.

대부분의 노련한 세일즈맨은 그런 상황에 대비해 손님 앞에서 어떻게 행동해야 하는지를 아예 패턴화시킨다. 그 중 가장 많은 것이 '안면몰수'다. 일단 손님이 차를 구입하고 난 후에는 모든 관계를 깨끗이 정리하고 차갑게 돌변한다. 차를 산 손님이 다시 찾아와 구입한 것을 후회하며 은근히 불만을 내비치면, 그런 입장을 취하는 세일즈맨들은 '그것은 당신 문제지 내 문제가 아니다'라는 식으로 분명하게 선을 긋고 아예 상대하지 않는다.

말을 걸 수 없도록 얼굴을 돌리고 바쁜 척하는 세일즈맨도 이에 속한다. 그러면 손님은 누구를 붙잡고 하소연해야 할지 몰라 우두커니 서있다가 최종 결정을 하고 사인한 스스로를 탓하며 그냥 돌아간다. 그들은 집이나 차는 사인을 하고 나면 되돌릴 수 없다는 사실을 알고 있는 것이다.

또 다른 경우는 매우 드물기는 하지만 손님의 말을 끝까지 들어주고 최선을 다해 자신이 해줄 수 있는 조치를 취해주는 것이다. 나는 이 경우에 속한다고 자신할 수 있다. 손님들이 이런저런 불만을 쏟아내는 것을 묵묵히 들어주는 것이다. 차를 샀다고 배우자가 잔소리를 하면서 자신을 비난했다는 둥, 부모님이 "겉멋이 잔뜩 들었다"고 혼냈다는 둥, 사고가 나서 새 차를 산 것이 후회된다는 둥, 손님들의 불평불만은 한도 끝도 없다. 그러면서 내게 차를 반환하면 돈을 돌려받을 수 있냐고 묻는다. 물론 나는 '그런 상황에 대처하는 상식적인 방법'을 알려준 후, 그렇게 할 의사가 있는지에 대해 묻는다.

결론적으로 내 손님들은 내가 차를 팔고 난 후에도 그들을 피하지 않는 것에 안심하고 나를 찾아왔다. 그리고 나 또한 손님의 문제를 내 일처럼 고민하고 열심히 도울 길을 찾는다. 그런데 가만히 생각해보니 불만에 찬 손님들은 대부분 내 세일즈 경력이 1년에서 3년 사이였을 때 나타났고, 억지로 설득해 판매한 경우가 대부분이었다. 그 후로 나는 간단 명료, 정확성에 중점을 두고 제품을 설명했으며, 구입이 전적으로 손님의 결정에 의한 것이 되도록 언어 선택에 유의했다.

예전 같으면 손님이 "좀 더 생각해보겠다"라고 하면서 결정을 미루면, 책에서 읽은 대로 "어떤 점을 더 생각해보려 하십니까?" 하면서 그 자리에서 대답할 것을 강요했다. 그런데 세일즈 패턴을 바꾸고 난 후로는 "손님은 아직 마음을 결정하지 못하신 것 같습니다. 하지만 여 여기까지 찾아오신 것을 보면 분명히 어떤 차를 어떤 가격에 사야겠다는 생각을 갖고 계신 것 같습니다. 차량 구입과 관련해 어떤 부분이 가장 망설여 지는지 알려주시면 제가 도움을 드리겠습니다" 라고 정중하게 말한다.

대부분의 손님들은 내 말을 듣고 자신이 먼저 "차는 마음에 드는데 가격을 좀 더 깎아달라", "오늘 사가면 배우자가 화를 낼 것 같으니 내일 함께 다시 오겠다", "내가 원하는 색깔이 없어서 집에 가는 길에 다른 곳도 가보려 한다", "벤츠와 **BMW**를 비교하고 있는데 **BMW**에서 어떤 인센티브를 제공하는지 알고 싶다" 등 속마음을 드러낸다. 그럼 그 부분을 속 시원히 해결할 수 있는 방법을 그 자리에서 제시하든가 '이 손님에게는 지금 차를 팔지 말고 시간을 두고 지켜봐야겠다'라고 내 나름대로 판단을 내린다. 마음의 준비가 충분히 된 손님에게 차를 판매했을 때, 상대적으로 손님의 만족도가 훨씬 더 높다.

    손님들이 내게 주는 서비스 만족도 점수는 다른 세일즈맨들의 그것보다 월등히 높다. 내 스스로 개발한 새로운 세일즈 방식을 적용한 후로 내 세일즈는 훨씬 능률적인 것이 되었다. 물론 전보다 차를 더 많이 판매하는 것은 아니다. 하지만 손님의 입장에서 보면 내가 내 돈을 사용하는데 누군가가 무례하게 강요한다면 기분이 좋지 않을 것이다. 손님의 입장을 충분히 이해하고 그들의 소비 성향을 객관적으로 파악해, 그들 스스로가 만족할 수 있는 거래를 유도해야 한다.

별 탈 없이 오래 일한다는 것

"노련하고 훌륭한 세일즈맨은 손님이 원하는 것을
함께 찾아내고 그에 맞는 바람직한 결론을 제시한다.
사람들은 그 세일즈맨이 자신에게 딱 맞는
결론을 내려줄 것이라는 기대 속에서 안정감을 느낀다."

조금 의외일 수도 있겠지만, 성경을 읽다 보면 예수님은 천부적인 세일즈 능력이 있다는 생각이 든다. 특히 예수님을 믿을 준비가 된 사람들과 아직 믿을 준비가 되지 않은 사람들, 그리고 아예 믿을 가능성이 없는 사람들을 구별해 대화하신 것에서 그를 잘 알 수 있다.

사마리아의 여인과 대화하실 때, 그녀가 계속 빈정거리는 말투로 이야기하자 "너의 남편을 데려오라"라고 하시면서 화제를 바꾸셨다. 여러 번 이혼했고, 그때 또 다른 남자와 동거하는 중이었던 그녀의 사생활, 즉 아킬레스건을 건드린 것이다. 예수님의 다른 사람을 배려한 에둘러 표현하면서도 통찰력 있는 말씀에 그녀의 태도는 진지하게 변한다. 그녀는 예수님과의 대화를 통해 예수님을 구세주로 받아들일 뿐 아니라 동네 사람들에게 예수님을 전하는 전도자가 된다.

예수님은 그녀에게 자신을 믿으라고 강요하지 않으셨다. 그녀 또한 예수님을 만나기 전까지는 여러 가지 문제들이 뒤죽박죽된 삶을 살았다. 그녀는 뒤엉킨 문제들을, 문젯거리를 만드는 남편들과 이혼하는 방식으로 해결했다. 그러나 예수님을 만나고 난 뒤 그녀는 자신의 영적인 갈증이 예수님을 통해 해결될 수 있음을 깨달았다.

예수님은 첫 만남에서 그녀에게 물을 달라고 부탁하신다. 그녀와 어떤 관계를 맺기 위해, 예수님께서는 일방적으로 주시는 방법을 택하기보다는, 그녀가 예수님을 위해 아주 작은 일이라도 할 의향이 있는지 묻는다. 그것은 세일즈를 이루기 위한 기본적인 행위인, 주고받는 거래의 물꼬를 트는 행동이다.

그녀는 자신은 아직 준비가 되지 않았다고 생각했지만 마음속 깊이 현재의 삶에서 벗어나고 싶은 강한 열망을 갖고 있었다. 예수님께서 처음부터 '나를 믿고 구원을 얻고 영생을 맛보라'고 말씀하셨다면 늘 듣는 설교로 생각하고 지나쳐버렸을 수도 있다. 그러나 예수님은 간접적인 거래 행위를 통해 '그녀가 예수님께 우물물을 떠주면, 예수님은 그에 대한 댓가로 영원히 목마르지 않는 영생의 물로 그녀의 영혼을 채워주겠다'는 뜻을 나타내셨다.

세일즈를 오래 하려면 가장 먼저 실적에 강매하는 일을 그만 만둬야 한다. 세일즈 세계의 프로는 사람들의 선택을 돕는 도우미 역할을 충실히 수행하는 사람들이다. 세일즈를 오래 한 어떤 분과 대화하다가 그분이 "그런 방식으로 사람들을 잘 꼬셔서 물건을 팔아야 한다"라고 말하는 것을 듣고 깜짝 놀란 적이 있다. 세일즈를 감언이설로 남을 속이는 일인 것처럼 표현하는 그가 건전한 세일즈맨으로 보이지 않았다.

세일즈를 하면서 누구를 속일 생각을 한다면 동기부터가 잘못된 것이다. 그런 사람들은 잠시 좋은 실적을 올릴지는 몰라도 세일즈를 오래 하기는 힘들다. 세일즈를 오래 할 수 있는 사람은 진실한 사람들이며, 평판이 좋은 사람이다. 세일즈업계에 그런 사람들이 드물기 때문에 그들은 더욱 빛을 발한다.

다단계 세일즈를 하는 사람들에게 벤츠를 판매한 적이 있다. 그들은 모두 그 업계에서는 꽤 알려진 '잘나가는 세일즈맨'들이었다. 그러나 이상하게도 벤츠를 판매할 때마다 그 차가 마지막이 될 것 같은 예감이 들었다. 그런데 나의 예감은 매번 적중했다. 그들 대부분이 벤츠를 산 뒤 한동안 잘나가다가 1년도 안 되어 전화번호를 바꾸고 어쩌다 연락이 되면 "그 일 관둔 지 꽤 된다"라고 말했다.

그런 사람이 한두 명도 아니고 꽤 되다 보니 '다단계 세일즈 종사자들이 왜 돈 잘 버는 일을 포기할까?' 하는 의문이 생겼다. 그들은 나를 다단계사업에 끌어들이기 위해 자신들이 돈을 얼마나 잘 버는지 자랑하곤 했다. 얼마 전까지만 해도 세일즈가 대박이 나서 큰돈을 벌었다며 자랑하던 그들이 왜 다단계 세일즈를 그만뒀을까? 이유를 물었더니 대부분 "제품에 문제가 있어서 항의가 들어왔다"고 대답했다. 물론 일리가 있다. 물건이 반듯하면 쇼핑센터나 가게 진열대에 놓고 정정당당히 소비자로부터 선택을 받는 것이 순리인데 왜 사람들을 동원해 강매하듯 하겠는가?

그러나 근본적인 문제는 물건도 물건이지만 판매하는 세일즈맨들이 실적에 눈이 어두워 온갖 감언이설로 사람들을 끌어들인 것이라는 생각이 들었다. 다단계는 소비자가 직접 세일즈맨으로 활동하다 보니 스스로가 제품이나 서비스가 불만족스러워도 잠재적인 고객에게 정직하게 말할 수 없다. 자신은 100퍼센트 만족한다고 해야 다른 사람을 끌어들일 수 있기 때문이다. 그러다 보면 세일즈를 성사시키기 위해 점점 자신의 양심을 팔게 된다. '한 달에 2,000만 원을 벌 수 있다'든가 '10년 후에는 일하지 않아도 매년 수입 1억 원이 꼬박꼬박 적립된다'와 같은 터무니없는 말을 계속하다 보면 상식을 벗어난 광신자가 돼버린다. 급기야 사람들이 그를 피하고 자신의 말이 허황된 말이었음을 스스로 깨닫게 되면 부끄러움을 느끼고 세일즈를 그만두는 것이다.

　세일즈를 별 탈 없이 오래 했다는 것은 그만큼 정직하게 일해왔다는 뜻이다. 실적이 1등은 아니라 해도 다른 사람에게 거부감을 주지 않아 늘 손님들이 북적거리도록 만드는 것이 좋다. 내게는 가끔씩 판매점에 놀러오는 손님들이 꽤 많은데 그분들은 판매점에 들러 차를 들여다볼 생각은 아예 없고 내 책상 앞에 앉아서 이야기만 하다 간다. 나도 내 고객이 판매점에 놀러오면 차 이야기는 전혀 하지 않고 세상 살아가는 이야기를 한다. 나이가 많은 사람들부터 젊은 주부들까지 다양한 사람들과 다양한 대화를 나눈다. 그 사람들은 내가 누군가를 속일 마음이 전혀 없다는 것을 잘 안다. 나도 내 고객들이 풍족하게 잘살기를 바라기에 어떨 때는 차를 산다는 사람에게 좀 기다리라고 말하기도 한다.

어느 날, 내 신문 광고 옆에 나란히 또 다른 벤츠 광고가 났다. 다른 벤츠 판매점에 새로 들어온 한인 세일즈맨이 낸 광고였다. '찾아가는 세일즈'라는 광고 문구가 눈길을 끌었다. 손님들이 부르면 벤츠를 가지고 손님이 있는 곳으로 가겠다는 내용이었다. 그 광고를 본 남편이 "경쟁사에서 꽤 적극적으로 나오는데" 하며 걱정했다.

그러나 나는 그런 세일즈 방식은 역효과를 불러올 가능성이 크다고 생각한다. 세일즈맨이 차를 끌고 손님 집으로 찾아가면 그 차를 사야 한다는 부담감을 느낄 것이고 집을 알고 있으니 자꾸 찾아올 것을 걱정할 것이기 때문이다.

또한 신용이 좋은 고객들은 자신이 오랫동안 탈 벤츠를 고를 때 직접 차를 보고, 그에 대한 설명을 듣고, 판매점의 규모가 어느 정도나 되는지도 알아본 뒤 신중하게 구입할 것이다. 세일즈맨에게 벤츠를 끌고 오라 가라 하는 사람들은 즉흥적이고 신용이 좋지 않은 손님일 확률이 높다. 판매점을 직접 찾아갈 수 없는 사정이 있는 위험한 손님일 수도 있다.

먹고사는 데 지장이 있을 정도로 세일즈가 잘 되지 않는다면 세일즈를 그만두는 것이 낫다. 세일즈를 제대로 못하면 일단 수입이 줄고 그렇게 되면 불법이나 편법을 쓰게 될 수도 있기 때문이다. 힘들게 일하면서 돈을 벌지 못하는 것도 억울한데 패가망신까지 해서야 되겠는가?

세일즈를 잘하는 것보다 더 중요한 것은 세일즈를 오래 하는 것이다. 회사 측에서는 세일즈맨이 직장을 옮기더라도 회사와 고객이 여전히 안정적으로 거래를 계속할 수 있도록 후속 조치를 잘해주기를 원한다. 자동차 구매 시 인터넷 쇼핑이 늘고 있는 주요한 이유는 인터넷에는 세일즈맨이 없기 때문이다. 물건에 가격을 매겨 보여주고 관심이 있으면 신용카드로 구입하면 되므로 절차가 간편하다. 손님들은 가격을 더 깎을 수 없다는 것을 알면서도 인터넷에서 거래를 한다. 그 이유가 무엇일까?

사람들은 세일즈맨들이 거짓말을 잘한다는 선입견을 갖고 있다. 또한 속마음을 다른 사람에게 내보이고 싶어하지 않는다. 게다가 물건을 살때 자신이 무엇을 원하는지 다 안다고 생각한다. 그러나 이는 사실과 다르다. 인터넷을 통해 산 물건들이 사진과 다른 경우가 많은 것처럼 말이다. 여기저기 둘러보지만 원하는 물건을 찾지 못하는 경우도 태반이다.

노련하고 훌륭한 세일즈맨은 손님이 원하는 것을 함께 찾아내고 그에 맞는 바람직한 결론을 제시한다. 사람들은 그 세일즈맨이 자신에게 딱 맞는 결론을 내려줄 것이라는 안정감을 느낀다. 어떨 때는 예상한 것보다 더 훌륭한 결론이 나오기도 한다. 고렇게 되면 손님들은 편안하게 원하는 바를 이룰 수 있다. 세일즈맨은 자신이 안달복달하지 않아도 그 손님들이 필요하면 언제든 자신을 찾아줄 것이라 믿으며 열심히 일한다. 그것이 가장 이상적인 세일즈, 그리고 건전한 세일즈 기법이다.

신뢰와 훌륭한 인간성이 더해질 때 세일즈는 한층 더 고차원적인 프로의 세계에 진입할 것이다. 그리고 모든 손님들이 그런 훌륭한 세일즈맨들이 상대할 만한 합리적인 손님인 것은 아님을 반드시 기억해야 한다. 때로는 아무리 구매를 하고 싶다고 졸라대도 팔지 말아야 할 손님이 있다.

마지막으로 세일즈를 오래 하기 위해서는 회사의 안정감 있는 지원과 협력이 전적으로 요구된다. 어떤 사람들은 비참한 대우를 받으면서도 끝까지 회사에 매달리며 세일즈를 하게 해달라고 간청한다. 마땅히 갈 곳도 없고 일단은 먹고 살아야 하기 때문이다.

회사로부터 인정과 지원을 받아도 하기 힘든 일이 세일즈인데 이렇게 되면 상황은 더욱 나빠진다. 자신의 세일즈를 인정해주지 않은 회사의 분위기는 시간이 흘러가면 더 나아지는 것이 아니라 더 불편해질 뿐이다. 그 경우 눈물을 머금고 이를 악물며 참기보다는 좀 더 나은 방향은 없을까 하고 고민하는 것이 세일즈를 오래 할 수 있는 방법이다. 미래를 불안해할 필요는 없다. 어차피 세일즈라는 것 자체가 아무것도 보장 되는 것이 없는 일임을 알고 시작하지 않았는가?

회사와 세일즈맨의 관계가 항상 좋았고 또 그가 회사가 인정해주는 인재라면 그는 그 회사의 중역으로 승진했어야 마땅하다. 그렇지 않고 **10년, 20년**이 흘렀는데도 항상 똑같이 신입사원 대우를 받고, 새로 영입된 젊은 상사에게서 지시를 받는 입장이라면 그땐 회사의 숨겨진 의도가 무엇인지 생각해봐야 한다. 자신도 모르게 스스로가 회사에서 있으나 마나 한 인물이 되었거나, 해고 대상자 명단에 올라 있을지도 모른다.

현대 사회에서는 모든 것이 불확실하다. 그러나 그 불확실함 때문에 모험의 기회 역시 무궁무진하다는 사실을 잊지 말아야 한다. 작은 아이디어 하나로 엄청난 부를 거머쥐는 사람은 의외로 많다. 어떤 사람이 우연히 '무선 전화기가 있다면 참 편하겠다'는 생각을 하고는 그 아이디어를 특허청에 접수했다. 그 아이디어 하나로 그가 평생 상상조차 할 수 없을 만큼 많은 수익을 거뒀음은 말할 필요도 없다. 세일즈를 오래 하려면 이처럼 '톡톡 튀는 아이디어가 없을까' 하고 항상 고민하는 자세를 가져야 한다.

벤츠 판매점에 내가 공헌한 것 중에 가장 큰 것을 몇 가지 뽑자면, 신생 벤츠 판매점에서 초창기부터 일하면서 회사 전체에 완전히 자유로운 내 세일즈 방식을 정착시킨 것이다. 나는 근무시간을 마음대로 조절한다. 내 손님은 내가 선별한다. 광고 예산도 내가 책정한다. 광고 결과를 분석하고 효과가 없는 광고들은 과감히 자르고 어떤 것은 횟수를 늘릴지도 내가 결정한다. 손님과 마음껏 수다를 떠는 것도 구애받지 않는다. 세일즈 업무를 하는 것 외에 회사에서 신문 칼럼도 쓴다. 사장과 협의할 사항이 있으면 사장이 부르지 않아도 내가 찾아간다. 사장이 나를 오라 가라 할 일도 없고, 개별적으로 혼나는 일도 없다. 주차장에 고객용으로 마련된 맨 앞자리에 내 차를 주차시킬 때도 있다. 업무 전화 한 통 하지 않고, 하루 종일 사무실에 앉아서 책을 읽어도 아무도 뭐라 하지 않는다. 덕분에 내가 입사한 후에 들어온 동료들은 자유로운 환경에서 편하게 일할 수 있게 되었다. 그들은 분위기가 이렇게 자유로운 자동차 판매점은 없다고 말한다.

자동차 세일즈업계의 괴짜로 자리잡기까지 나는 날마다 전쟁을 치러야 했다. 그리고 내 방식이 옳다는 것을 증명해 보여야 했다. 내 방식대로 일해야 개인 실적도 올라가고 회사 전체의 실적도 올라간다는 사실을 보여줘야 했다. 이는 결코 쉬운 일은 아니었지만 나는 공짜로 얻을 수 있는 것은 아무것도 없음을 잘 알고 있다. 손님들도 우리 판매점을 방문하면 구입 여부와 상관없이, 누구의 눈치도 보지 않고 수다를 떨거나 커피를 마시고 쿠키를 먹으며 시간을 보내다 간다.

한번은 BMW 자동차 판매점에서 근무하는 세일즈맨이 나를 찾아왔다. 그는 자신의 근무환경이 마음에 들지 않는다고 하면서, 회사가 매번 전화를 도청해 세일즈맨이 손님과 무슨 얘기를 했는지 알아보고는, 다음 날 회의석상에서 잘못한 점을 지적하며 공개적으로 망신을 준다고 했다. 그뿐 아니라 다른 주에서 손님이 찾아온 경우 먼 곳에서 왔으니 가격을 깎아주자고 해도 판매점 측에서 전혀 받아들이지 않는다고 했다. 그리고 손님이 통 없으면, 왜 이렇게 손님이 없냐고 세일즈맨을 들들 볶는다는 것이다. 또 영어 발음이 어색하다고 동료들로부터 매일 놀림을 당한다고 했다.

그의 하소연을 듣고 무슨 말인가 해주고 싶었지만 내 방식도 그에게는 별로 도움이 되지 않을 것이라는 생각이 들어 잠자코 있었다. 결국 그 사람이 고민하는 문제는, 회사 내에서 자신의 근무환경을 좀 더 자유로운 것으로 바꿔나가는 식으로 해결해야 할 것이다. 세일즈 자체도 힘든 일인데 남에게 휘둘리기 시작하면 상황은 더욱 나빠진다.

결국 이 모든 노력은 스스로를 일류 세일즈맨으로 끌어올리는 전략이라 할 수 있다. 항상 새로운 방법을 고민하고 변화를 두려워하지 말아야 살아남을 수 있고 최고가 될 수 있다.

중요한 것은 신뢰와 소통이다

모든 사람에게 다 차를 팔 수 있는 것은 아니다. 때로는 일거리가 없어 배가 고플 때도 있다. 그때는 "나는 세일즈 전문가다. 사람들이 나를 찾지 않는다면 내 전문성이 부족한 것이다"라고 생각하며, 열심히 노력해 실력으로 인정받아야 한다."

어느 날 동료들이, 사람들이 나에게 어떤 별명을 붙였는지 아느냐고 물었다. 나는 재밌는 질문이라 생각하면서 '판매기' 아니냐고 대답했다. 그들은 웃으며 서로를 쳐다보더니 '불독'(한번 거래를 시작하면 놓지 않는다), '독종'(끝까지 포기하지 않는다), '얼음공주'(동료들을 사무적으로 대한다) 등이라 했다. 그 말을 듣고 어이가 없어 웃음이 나왔다. 그러나 가만히 살펴보니 내게 붙여진 모든 별명의 공통점은, 사적이고 여성적인 느낌이 전혀 없어서 그동안 나름대로 내 관리를 잘해왔다는 생각도 들었다. 동료들이 나를 이성으로 보지 않고 철저하게 동료의 한 사람으로 본다는 것은 참으로 다행한 일이다.

다른 판매점에서 자동차 세일즈를 하던 사람이 내게 이런 이야기를 들려줬다. 어느 고급 브랜드 자동차 판매점에서 한 여성이 세일즈를 시작했다. 금발 머리에 몸매가 늘씬한 그녀의 외모는 사람들의 눈길을 끌기에 충분했고, 이에 판매점의 남자 동료들이 데이트 신청을 했다. 그녀는 여러 동료들과 거리낌 없이 데이트를 즐겼고 그 중에는 유부남도 있었다. 급기야 회사 내에서 그녀를 놓고 질투하고 시기하는 일이 벌어졌고, 결국 그 여성을 비롯해 관련 직원들은 모두 해고되었다. 그 안에는 지점장도 포함돼 있어 회사는 막대한 손실을 입었다고 한다.

언제나 내 사무실 바로 앞에는 수백 대의 벤츠가 놓여 있고, 그 중에는 일반인은 평생 한 번도 타볼 수 없는 고가의 차도 있다. 나는 비밀번호를 입력하고 키를 꺼내 그 차를 타볼 수도 있지만 그럴 마음이 전혀 없다. 내 관심사는 오로지 '이 차를 탈 수 있는 사람이 누구인가'와 어떻게 하면 그에게 그 차를 팔 수 있을까'이다. 남자 동료들이나 남자 손님들을 상대할 때도 이와 비슷한 마음이다. 동료들은 내 경쟁자이자 때론 내 비즈니스의 도우미 역할을 해주는 사람들일 뿐이다. 남성 손님이 찾아와 차를 사려 하면, 바로 본론으로 들어가 방문한 목적을 묻고 차를 선정한 다음 가격 흥정과 은행 업무로 들어간다. 그에 걸리는 시간은 모두 합 해 30분밖에 되지 않는다. 사적인 질문은 가능한 한 피하고, 손님 쪽에서 내게 사적인 불필요한 질문을 한다 싶으면, 분명하게 선을 긋는다.

한번은 판매점이 문을 닫는 시간에 한국인 남자 손님이 찾아와 차를 구경하고 싶다고 했다. 나는 벤츠 모델에 대해 10분 동안 설명한 뒤 그 손님이 그날 밤 당장 차를 구입할 의사가 있는지 확인했다. 그는 내 질문에 답하는 대신 퇴근하고 아무것도 먹지 못해 배가 고프니, 나랑 어디 가서 저녁을 먹으며 천천히 이야기하고 싶다고 했다. 그래서 나는 "죄송하지만 당장 차를 사실 마음이 없으시다면 전 집에 가보겠습니다. 식구들이 기다리고 저녁 준비도 해야 합니다"라고 대답했다. 그는 머쓱했는지 "다른 렉서스 세일즈 아가씨랑은 저녁을 먹었는데……" 하면서 횡설수설했다. 나는 단도직입적으로 "손님은 차를 원하십니까, 아니면 친구를 원하십니까?"라고 물은 뒤 "차를 사는 것이 목적이 아니라면 서로 시간 낭비하지 맙시다"라고 말해 쫓아버렸다. 그는 세일즈를 하는 여성들이 손님을 함부로 대하지 못하는 점을 이용해 상습적으로 이 같이 엉뚱한 요구를 해왔던 것이다.

어떤 세일즈 강사는 "세일즈는 단지 물건을 파는 것이 아니라 나를 파는 것이다"라고 말하는데, 나는 그에 동의하지 않는다. 세일즈맨은 전문가이고, 전문가는 일반인이 혼자서는 하기 힘든 일을 도와주고 그에 대한 보상을 받는다. 여기서 중요한 것은 '도와준다'라는 것이다. 어떤 물건을 어떤 가격에 믿을 만한 거래를 통해 얻고자 하는 사람은, 그에 알맞은 어딘가를 찾아갈 것이다. 그곳에서 가짜 물건에 속아 진짜 가격을 지불할 수도 있고, 신용이 도용당할 수도 있으며, 예상치 못한 엉뚱한 일을 당할 수도 있다.

그런데 전문가를 찾아가면 자신이 원하는 결과를 얻을 수 있다. 경험 많은 전문가는 일처리를 확실히 하고 실수도 하지 않으며, 쌍방을 위해 합리적인 결과를 도출한다. 나는 친구나 특별한 관계를 맺기 위해 직장에 출근하는 것이 아니다. 내 서비스는 전적으로 일에 국한된 것이어야 하며, 가끔 예외가 있더라도 여성 손님들과 부담 없이 점심식사를 하는 정도다.

내게는 여자 손님들이 유난히 많은데, 이유는 부부가 함께 차를 사러 오더라도 여성 손님과 주로 눈을 맞추고 여성 손님의 의견을 더 집중해 듣는 편이기 때문이다. 남편을 따라서 판매점을 처음 방문한 여성 손님은 처음에는 어색해하면서 남편의 눈치를 보기도 한다. 그러나 흥정이 끝나갈 때쯤이면, 나와 친해져 어색함은 사라지고 남편보다 더 명랑해진다. 부인의 입장과 남편의 입장이 서로 다를 경우에는 절충안을 제시해 두 사람이 다 동의할 수 있도록 한다.

간혹 어떤 이들은 판매점을 방문해 "이게 당신 차야? 내 차지"라고 싸우면서, 부부간에 험악한 분위기를 만들기도 한다. 분위기가 그런 쪽으로 흐르면 나는 "두 분이 집에서 합의하신 뒤 다시 방문하시는 것이 좋겠습니다" 하고 보내버린다. 그 자리에서 억지로 차를 판매한다 해도, 집에 가서 부부 싸움을 크게 하고는 다음 날 차를 물리겠다고 할 수도 있기 때문이다.

남편은 차를 사고 싶다고 하고 부인은 차를 사고 싶지 않다고 싸울 경우에도 나는 차를 구입한다는 남편의 입장을 두둔하지 않는다. 대신 부인에게 '왜 차를 사고 싶지 않은지' 묻는다. 부인이 이런저런 말을 하면 그 진의를 파악하기 위해 노력한다. 예를 들면 남편이 약간 바람기가 있다면, 벤츠 스포츠카를 타고 외도라도 할까봐 걱정하는 것일 수도 있다. 아니면 경제적인 문제일 수도 있다. 여러 가지 상황을 짐작해 보고 그에 맞는 대안을 제시한다. 가족들이 함께 즐길 수 있는 레저용 **SUV**를 권하기도 하고, 좀 더 점잖은 차를 권하기도 한다. 저렴한 차량을 권할 때도 있다. 내게서 차를 산 사람들이 경제적으로나 가정적으로 화목한 모습을 보는 것이 내게는 가장 큰 보람이다.

어떤 이는 지난 8년 동안 내게 5대의 벤츠를 구입했다. 그런 사람은 내가 신형 차를 사라고 세일즈를 하지 않아도 자신이 스스로 원하는 차량이 있다고 전화를 걸어온다. 나는 '고객 관리'라는 말을 좋아하지 않는다. 어떻게 사람이 사람을 관리할 수 있단 말인가? 자기 관리도 제대로 하지 못하면서 말이다. 대신 나는 스스로를 관리하면서 확실한 방향으로 세일즈를 이끈다. 때론 내 손님이 다른 사람의 손님이 될 수도 있고, 남의 손님이 내 손님이 될 수도 있다. 내 고객들이 딴 곳으로 눈을 돌릴까봐 전전긍긍하는 것 자체를 좋아하지 않는다. 한 번 고객이 된 사람은 나만 잘하면 다시 내 고객이 될 확률이 높다는 사실만을 인정할 뿐이다.

이제는 고객 선택의 폭이 넓어졌다. 손님들은 차를 살 때 단순한 거래 이상의 신뢰관계를 구축하길 원한다. 신뢰가 쌓였을 때, 그것을 유지하기 원하는 쪽은 세일즈맨보다 손님인 경우가 많다. 차를 구입한 후, 서비스와 관련해 판매점 문화를 잘 아는 세일즈맨의 도움이 필요한 것도 한 가지 이유일 것이다. 사고가 나면 보험문제에 대한 세일즈맨의 조언이 큰 도움이 되기도 한다.

'한 번 고객은 평생 고객'이라는 현실성 없는 세일즈 인간관계에 신경 쓰기보다는, 오히려 손님의 욕구가 바뀌는 것을 인정하고 더 전문적이고 세련되게 세일즈를 다듬어나갈 필요가 있다. 그런 자세를 갖추고 있을 때, 이리저리 쇼핑하고 다니다가 문제가 생기고 갈등을 경험하고 난 후에 다시 찾아오는 손님의 마음을 이해하고 여유 있게 상대할 수 있다.

세일즈하는 여성들이 특히 신경 써야 하는 부분이 바로 이런 점들이다. 남자들은 현실적인 각도로 세일즈를 바라보는 반면, 여성들은 인간 관계에 치중해 손님들에게 끌려다니는 경우가 많다. 예를 들면 큰 성과를 거두기 위해 남자 손님들의 내키지 않는 요구를 받아들일 수도 있다. 그런 행동을 하다 보면 남에게 오해를 살 수도 있고, 혼외정사에 휘말려 결혼생활이 파탄날 수도 있다. 아무리 꼼꼼하게 일을 잘해도 판매를 성사시킬 수 없는 손님이 있음을 인정해야 하는데, 그 사람에게 차를 팔기위해 사적인 관계를 맺게 되면 돌이킬 수 없는 일이 벌어질 수도 있다. 물론 손님의 요구를 받아주다가 그렇게 됐다고 변명할 수도 있지만 세일즈의 세계는 의외로 엄격하고 냉엄하다는 사실을 명심해야 한다.

어떤 여성 세일즈맨이 "세일즈를 하다 보면 저런 남편이랑 사는 부인은 참 행복하겠다는 생각이 들 때가 있다"고 말하기에, "지금 당장 그런 생각을 고치지 않으면 앞으로 큰일이 날 수도 있다"고 경고한 적이 있다. 사실 고가의 물건을 부인에게 선물하는 남자들을 보면 자신은 그 부인보다 예쁘고 능력이 있으므로 세일즈를 하며 힘들게 살 필요가 없다는 생각이 들 수 있다. 그리고 생활력 없는 자신의 남편과 비교하면서 괜히 남편을 구박하게 될 수도 있다.

실제로 함께 일하는 상사나 성공한 고객과 부적절한 관계를 맺어 쉽게 돈을 버는 길을 택하는 여성 세일즈맨도 간혹 있다. 이렇게 부적절한 행동을 일삼는 여성들로 인해 성실하게 일하는 여성들마저 도매금으로 욕을 먹는다. 중요한 것은 그와 같은 일로 이혼한 전력이 있는 여성들은 오랫동안 세일즈를 하지 못하고 중간에 그만두는 경우가 많다는 사실이다. 또한 좁은 한인 사회에서 평생 꼬리표를 달고 사는 여성들도 있다.

사람들을 만나보면 세일즈가 결국 서로에 대한 신뢰와 소통을 바탕으로 거래를 이루는 것임을 깨닫는다. 모든 사람에게 다 차를 팔 수 있는 것은 아니다. 때로는 일거리가 없어 배가 고플 때도 있다. 그때는 "나는 세일즈 전문가다. 사람들이 나를 찾지 않는다면 내 전문성이 부족한 것이다"라는 마음으로 견뎌야 하고, 열심히 노력해 실력으로 인정받아야 한다. 올바른 태도로 세일즈에 임한다면, 당장은 좋은 성과를 거두지 못하더라도 결국 인생의 승자가 될 것이다.

좋은 손님, 까다로운 손님, 나쁜 손님

"사람은 컴퓨터나 첨단기술 혹은 그 어떤 문명이 개발한 신기술보다 더 다루기 힘들고 복잡하다. 쉬워 보이지만 갈수록 힘들어지게 바로 사람을 다루는 일이다."

보험업에 종사하는 고객이 있다. 어느 날 그분이 세일즈에 오래 몸담으면서 터득한 노하우를 내게 알려주겠다며 나를 찾아온 적이 있다. 그는 자신에게 있어 이 세상에 존재하는 모든 사람은 '자신에게 보험을 산 사람과 안 산 사람' 두 종류로 말했다. 그 말을 듣고 나니 그분에게는 가족도 친구도 존재하지 않는 듯했다.

세일즈맨을 가족이나 친구로 둔 사람들은 가족들만 모인 오붓한 자리에서도 세일즈에 대한 은근한 압력을 받게 되는데, 아마 그분처럼 생각하는 사람들 주위에는 반드시 세일즈 압력을 받는 사람들이 있을 거란 생각이 들었다. 나는 가족이나 친구 혹은 교회 모임에서도 일부러 자동차에 관한 이야기만 나오면 일체 언급을 피한다. 모임 중에 내게 먼저 다가와 이것저것 물어보는 사람이 있으면 간단히 대답해주고 나중에 전화해달라고 한다.

어떤 사람들은 그런 내게 "이런 모임에서 사람들에게 세일즈를 해야 하는 것 아니냐"라고 빈정거리기도 하는데, 그런 소리를 하는 사람은 은근히 내가 공짜로 무엇을 베풀어주기를 바라는 경우가 대부분이다. 하다못해 벤츠 마크가 달린 볼펜, 모자나 우산, 열쇠고리 등 자잘한 선물이라도 받고 싶어하는 것이다.

이런저런 이유로 아는 사람들에게는 세일즈를 전혀 하지 않기 때문에 내가 출석하는 한인 교회 주차장에서 다른 판매점의 번호판이 달린 벤츠를 볼 때도 있다. 처음에는 나와 같은 교회에 다니면서 내게 벤츠를 구입하지 않았다는 사실이 화가 나고 야속하게 느껴지기도 했다. 그들중에는 나와 안면이 있다는 사실을 내세워, 다른 벤츠 판매점을 찾아가 더 저렴한 가격으로 자동차를 구입하는 이들도 있다. 하지만 이런 일들에도 불구하고 아는 사람에게 부담을 주는 일만은 피하고 싶다.

고객의 선택은 철저하게 그의 것임을 존중할 줄 아는 사람만이 세일즈에서 성공할 수 있다고 믿기 때문이다.

사람들이 세일즈를 그만두는 이유는 힘든 인간관계 때문인 경우가 가장 많다고 한다. 미국 보험업계에서는 2년 내에 세일즈를 그만두는 신입사원이 80퍼센트에 육박한다고 한다. 보험설계사 자격증을 따는 것이 쉬운 일은 아닌데 어렵게 시험에 통과하고 보험회사에 입사해 2년 동안 발품만 팔다가 그만두는 이유는 무엇일까?

어떤 세일즈든 열심히 한다면 일반 샐러리맨보다는 많은 돈을 벌 수 있다. 여기서 열심히 한다는 것은 아침부터 저녁까지 판매를 성사시키는 데 필요한 실질적인 일들을 성실히 수행하는 것을 의미한다. 기계적으로 출퇴근을 반복하는 것이 아니라 전화를 걸고, 편지를 쓰고, 이메일을 보내고, 문의 사항에 답하며 고객에게 이런저런 도움을 주기 위한 모든 활동들을 열심히 수행하는 것이다. 사실 그런 업무들은 그다지 힘에 부치지 않는다. 그런데 정작 세일즈하는 사람들을 못 견디게 만드는 것은 '사람'이다.

일반 샐러리맨들은 늘 같은 사람들을 상대한다. 적게는 한둘에서부터 많게는 수십 명에 이르기도 한다. 그러나 분명한 것은 그들은 늘 같은 사람을 상대한다는 사실이다. 누군가와 한 달 정도 같이 일하다 보면 그 사람의 마음 씀씀이, 가족관계, 업무 수행 능력, 사람을 대하는 태도 등을 대략 파악할 수 있다. 그리고 그를 상대할 때 어떻게 해야 하는지도 알 수 있다. 예를 들면 동료가 남에게 슬쩍 책임을 미루는 것을 목격했다면 '아, 저 사람과는 어떤 책임을 나눠져서는 안 되겠구나!'라는 판단을 내릴 수 있다. 또 어떤 사람이 직장에서 욕설을 일삼는 것을 우연히 알게 되었다면 '이 사람은 조심해야겠다. 자주 대화하지 않는 편이 낫겠다'라고 다짐할 수 있다.

그런데 매일 다른 사람들을 상대해야 하는 세일즈맨은 그런 경험을 할 기회도 없이 바로 실전에 돌입하게 된다. 처음 만나는 상대방이 하는 말을 믿고 비즈니스를 할 수밖에 없는 것이다. 자칫 잘못하면 회사에 누가 될 수도 있고, 자신의 세일즈 생명이 위태로워질 수도 있다. 또 공을 들인 손님을 다른 세일즈맨에게 야비한 수법으로 단번에 빼앗길 수도 있다. 설상가상으로 야비하고 저속한 손님을 만나 몇 년 동안 괴롭힘을 당할 수도 있다. 최악의 경우 범죄를 저지르려는 사람에게 잘못 걸려들어 불미스러운 일에 연루될 수도 있다. 세일즈를 시작해 열심히 일한 시간과 투자한 에너지에 비해 수입이 적다고 생각하던 차에, 이런 사람들을 만나게 되면 대개 혼비백산해 세일즈를 그만둔다.

세일즈를 오래 하기 힘든 가장 큰 이유 중 하나가 그것이 사람을 상대하는 일이기 때문이다. 사람은 컴퓨터나 첨단기술 혹은 그 어떤 문명이 개발한 신기술보다 더 다루기 힘들고 복잡하다. 쉬워 보이지만 갈수록 힘들어지는 것이 바로 '사람을 다루는 일'이다. 인간은 자신이 처한 큰 문제가 해결될 기미가 보이지 않으면, 약간의 연관성만으로도 남을 끌어들여 해결하려 하는 경향이 있다. 세일즈를 사고파는 일회적인 경제활동으로 생각하면 오산이다. 세일즈를 오랫동안 해왔음에도 불구하고 끈적끈적한 인간관계의 올가미에 걸려 허덕이는 동료 세일즈맨들 볼 때마다 '세일즈는 절대 일회적이지 않다'라는 생각을 하게 된다.

고객과 관련해 나는 20 : 60 : 20 원칙을 갖고 있다. 20퍼센트는 최상의 손님으로, 상식이 있고 품위 있게 행동하며 한번 거래를 해 신뢰하게 되면 그 후로는 내게만 구입 문의를 하고 홍보까지 해주는 손님이다. 그런 손님들은 나의 우수 고객이므로 나는 그들을 항상 특별하게 대우하고 존중한다.

그 다음 60퍼센트의 부류는 까다로운 손님으로, 상식은 있지만 가격 때문에 나를 찾았기에 다른 세일즈맨이 더 좋은 가격을 제시하면 언제든 가버릴 수 있는 손님이다. 가끔 이 부류에 속한 손님들이 **VIP** 손님으로 바뀌는 경우도 있기 때문에 이들을 대할 때면 항상 긴장을 늦추지 않고 깍듯이 예우한다.

나머지 20퍼센트는 세일즈가 성사돼도 골치를 썩일 가능성이 높은 부류의 사람들이다. 사지도 않으면서 이곳저곳에 가격을 알아보고, 사방팔방 다니면서 나의 세일즈 평판을 깎아내리며, 급기야는 문제를 일으켜 여러 사람을 피곤하게 만드는 부류다. 이 사람들은 세일즈 실적이 너무 저조해 실적을 높이기 위해서가 아니라면 세일즈하지 말 것을 권한다.

세 번째 부류에 속하는 사람들을 단번에 알아보는 것은 거의 불가능하다. 고객을 처음 만나면 일단 '이 사람은 첫 번째나 두 번째 부류의 사람이다'라는 생각으로 대한다. 그런 좋은 선입견을 갖고 대해야 상대도 마음을 열고 세일즈하는 사람을 받아들일 것이다. 그런데 반드시, 그리고 거의 예외 없이 사람이 하는 일이기에 문제가 발생한다. 아무리 나쁜 사람도 처음부터 본색을 드러내는 경우는 없기 때문이다.

이런저런 상황을 경험하고 나면 그런 사람들을 대하는 자신만의 방식을 터득하게 된다. 이 부류의 사람들에 대해서는 세일즈 경험을 통해 배우는 것 외에는 달리 방법이 없다. 저마다 상황도 다르고 문제도 제각각이다. 그러나 피부로 느껴지는 그 무언가는 동일하다. 나는 이 부분에 특히 민감해 여태 크게 낭패를 본 경우는 없지만, 많은 이들이 이로 인해 세일즈를 그만두거나 아니면 다른 직장으로 옮기는 것을 목격했다.

10년 넘게 세일즈를 한 사람들은 대부분 세일즈를 막 시작했을 때 겪기 마련인 '손님을 구별하는' 고비는 넘겼다고 할 수 있다. 세일즈를 성사시켜 얻은 커미션으로 살아가는 그들의 사람 보는 능력은 생계와 직결되기 때문에 남들보다 예리할 수밖에 없다. 그렇기 때문에 베테랑 세일즈맨이 세일즈를 그만뒀다면 나쁜 손님들을 구별하지 못해서가 아니라 자신의 욕심이 화를 초래했을 확률이 높다.

세일즈맨에게 반드시 찾아오는 불청객이 있다. 발버둥칠수록 더욱 빠져나오기 어려운 그 불청객은 바로 '슬럼프'다. 이는 일반인들도 마찬가지일 것이다. 슬럼프는 우울증과 비슷해 감정 조절이 어려울 수 있다. 기운이 빠지고 컨디션이 좋지 않을 뿐더러 다른 사람들과의 다툼이 잦아지고 매사에 비관적이 되기 쉽다. 슬럼프를 극복하려고 더 많은 방법들을 동원하고, 더 많은 사람들을 만나기도 하지만 그럴수록 상황은 더욱 나빠진다. 급기야는 수입이 현저히 줄고 직장을 그만두는 사태까지 벌어진다. 종종 손님과 마찰을 일으키기도 한다.

《영업, 근성이 아니라 기획이다》의 저자 야마구치 코지山口晃二는 이렇게 말한다. "영업사원은 '상품을 판매함으로써 고객의 문제를 해결하는 전문가'라고 생각해보는 것은 어떨까? 컨설턴트에게는 '컨설팅하는 것'이 상품이다. 영업사원에게는 '상품을 판매하는 것'이 최대의 미션이다. 그러나 고객의 입장에서는 '문제 해결'이 관건이기 때문에 상품이 '컨설팅'이든 '제품'이든 문제가 해결되면 그것으로 만족하는 것이다."

이와 같이 세일즈와 컨설턴트를 접목시킨, 한 차원 높은 세일즈를 위한 교육을 받았다고 해도 실제 세일즈 현장에서는 이 같은 이론을 적용하기가 힘들다. 왜냐하면 사람들은 가능하면 돈을 쓰지 않고 현재의 문제를 해결하려 하기 때문이다. 문제를 해결하기 위해 반드시 돈을 써야 한다는 결론이 나오면, 최저 비용만을 지출하고자 한다.

그런 소비자에게 세일즈맨은 '문제 해결사'가 아니라 '자신의 문제를 확대해 판매를 이루려는 사람'으로 보일 수밖에 없다. 사실 '세일즈'라는 직업을 제대로 이해하지 못해 판매가 어려운 것이 아니라, 대부분 손님 쪽에서 판매를 저지하려 하기 때문에 세일즈가 고달프고 힘든 것이다. 오로지 실적 향상을 위해 손님의 판매 저항에 강경하게 대처하다가는 '강매'란 소리를 들을 수도 있다.

나를 포함한 동료들의 세일즈 패턴을 자세하게 관찰한 결과, 승승장구하는 세일즈맨들은 손님들로부터 좋은 평가를 받고 또 쉽게 판매에 이르는 사람들이라는 것을 깨달았다. 반면 세일즈 실적이 저조하고 고객 평가 결과가 나쁘게 나오는 사람들은 (열심히 일한 것과는 상관없이) 나쁜 고객들을 상대하는 세일즈맨들이라는 것을 깨달았다.

여기서 '나쁜 고객'을 자세하게 정의할 필요가 있다. 나쁜 고객들은 일단 상대방의 배려를 철저하게 외면하고 끝까지 자신의 이득을 추구하는 이들이다. 이익 앞에서 뻔뻔스러운 행동을 서슴지 않는 것이다. 예를 들면 말도 안 되는 낮은 가격을 제시하고는 '네가 아쉬우면 팔겠지' 하는 태도를 보여 한 대라도 팔아 실적을 올리려는 세일즈맨들을 처량하게 만든다.

세일즈맨들은 이익과 개인 실적 사이에서 갈등하면서 상사에게 말도 안 되는 가격에 판매하는 것을 허락받기 위해 애쓴다. 급기야 그런 야속한 손님들은 하루 종일 실랑이한 세일즈맨을 외면하고, 다른 판매점에서 10달러라도 싼 가격을 제시하면 그리로 가버린다. 그런 손님들에게 차를 판다 해도 그들은 세일즈맨에 대한 고객 평가 점수를 형편없이 낮게 주어 팔아도 문제가 된다. 그런 사람들은 무엇을 사더라도 항상 그런 식이기 때문에 세일즈맨들이 어떻게 해볼 도리가 없다.

차를 살 때 한국 딜러들끼리 경쟁을 시켜놓고 실속을 차리는 이들도 있다. 또 어떤 이는 차를 살 생각도 없으면서 판매점에 찾아와 제일 낮은 가격이나 말해달라고 하고 대놓고 "한국사람 덕 좀 보면 안 되냐?"고 하기도 한다. 세일즈를 잘 모를 당시에는 이런 사람 저런 사람에게 정성을 다해야 한다고 생각했지만, 경험이 쌓인 후에는 사람을 가리게 되었다.

그런 나쁜 손님들을 단호하게 거부해야 하는 중요한 이유는 내게 찾아오는 세일즈 슬럼프를 막기 위해서다. 그런 사람들을 상대하는 시간에 좀 더 유용한 곳에 노력을 쏟는다면, 다른 이들보다 잠시 속도가 늦춰질 수는 있지만 결국에 가서는 성공적으로 세일즈를 이어갈 수 있다. 그리고 그 나쁜 손님들은 또 다른 나쁜 손님들을 몰고 온다. 한 사람으로 끝나는 것이 아니라 '나도 그 가격에 달라'며 또 다른 손님들에게 똑같은 나쁜 세일즈를 하게 만드니 평판도 엉망이 된다.

세일즈 교육을 받으러 가서 야구공을 옆 사람에게 전달하는 게임을 하게 됐다. 다들 신이 나서 시키는 대로 했다. 몇 차례 하고 나니 점점 속도가 붙었다. 이번에는 탁구공을 전달하라고 했다. 공이 작으니 간혹 놓치는 사람이 있었지만 이 또한 시간이 지날수록 속도가 빨라졌다. 그 다음에는 축구공을 전달했다. 이번에는 사이즈가 커서 공을 놓치는 사람은 거의 없었다. 전달하는 속도도 가장 빨랐다. 마지막으로 당근을 전달했다. 사람들은 당근을 어떻게 잡아야 할지 난감했고, 놓치는 사람도 많았다. 당연히 전달하는 속도도 크게 떨어졌다. 영문을 모른 채 시키는 대로 하던 세일즈맨들에게 세일즈 트레이너가 이렇게 말했다.

"적당한 이익을 가져다주고 성격도 좋은 고객은 회사의 능률을 높이지만, 이 당근과 같이 문제가 있는 사람은 회사의 능률을 급격히 낮추고 전체 실적을 떨어뜨립니다. 웬만하면 상대하지 않는 것이 좋습니다."

천만다행으로 당근이 당근처럼 행동하면 세일즈를 중단하면 되지만, 세일즈가 끝난 다음에야 당근의 본색이 드러나는 경우에는 반드시 문제가 생긴다. 손님들만이 세일즈 관계를 끊는 것은 아니다. 때로는 세일즈맨들이 일방적으로 세일즈 관계를 끊기도 한다. 세일즈가 일정 궤도에 오르면 사람을 분별하는 지혜가 더욱 절실해지는 시기가 온다. 그리고 세일즈맨은 배가 고프면 지혜도 없어지고 자제력도 발휘할 수 없다. 배고픈 세일즈맨이 문제 있는 사람들을 계속 상대하다가 급기야 일자리를 잃을 수도 있다.

나는 세 번째 부류의 사람들을 특히 경계할 뿐 아니라 법적인 대응을 할 준비를 하기도 한다. 준비한 것이 무용지물이 되는 한이 있어도, 이들을 다시 상대할 경우를 대비해 정신적인 무장을 철저히 하는 한다. 세일즈할 때 얼렁뚱땅 일하는 사람은 세일즈가 적성에 맞지 않는 사람이다. 고객 한 사람 한 사람을 철저히 분석할 능력이 있는 치밀한 성격이 요구된다. 나는 세일즈를 하면서 손님이 지나가는 말로 언급한 내용을 오랫동안 기억하는 편인데 나중에 손님에게 그 얘기를 하면 '그런 말을 다 기억하느냐'고 놀라는 경우가 종종 있다. 그것은 특별히 노력해서 되는 것이 아니라, 손님들에게 관심을 갖고 일을 하다 보니 저절로 그렇게 됐다.

좋은 손님과 까다로운 손님에게만 집중하면 저절로 나쁜 손님들이 구별돼 사라지거나 하는 것은 아니다. 어떤 경우라도 내 손님에게 최선을 다하고 정성을 기울인다면 (정말 최악인 몇 명을 제외하면) **20퍼센트의 나쁜 손님에 속한다 할지라도 나머지 손님들처럼 좋은 손님이 되지 않을까 하는 희망을 가져본다. 혹 그들이 '역시 Arrow가 최고야'

하고 인정하면서 다시 좋은 손님이 되어 돌아오지 않을까 하는 희망 말이다.

　남들이 기피하는 고객들도 그들 자신이 나쁜 고객이라고는 전혀 생각하지 않고 이왕이면 좋은 사람들과 거래하고 싶어하고, 남들에게 좋은 사람으로 보이기를 원한다. 그리고 어느 누구도 자신이 '세일즈맨조차 외면하는 사람'이라고는 생각하지 않을 것이다. 여기서 이런저런 사람의 유형을 살필 필요도 없고, 또 그것을 말한다고 해서 달라지는 것도 없다. 세일즈를 괴로운 일로 만드는 최악의 손님들이 존재한다는 것은 세일즈 세계의 일반적인 현상으로 전혀 새로울 것이 없다. 그러나 세일즈맨이건 고객이건 한 가지는 기억할 필요가 있다.

　"이 세상의 신성한 승자는, 그 어떤 위협에도 굴하지 않고 묵묵히 끝까지 자신의 길을 가는 사람이다. 중요한 것은 남들에게 인정받는 것이 아니라 스스로에게 인정받을 수 있는 전문가가 되는 것이다."

좋은 상사를 만난다는 것

"좋은 상사는 알게 모르게 직원들의 삶에 긍정적인 영향을 끼칠 수 있는 상사다.
그리고 일회적인 세일즈보다는 합리적인 세일즈를 오래 할 수 있는
분위기를 만드는 데 주력한다."

세일즈 세계를 경험하기 전부터 항상 궁금한 것이 있었다. '똑같이 세일즈를 하는데 어떤 사람은 훌륭히 적응해 성공하고, 어떤 사람은 힘들어하다가 결국 그만두는 이유는 무엇일까?' 이런 궁금증을 나만 갖고 있지는 않을 것이다.

많은 세일즈 책의 저자들은 이렇게 말한다. "세일즈는 순전히 자신의 능력에 달려 있다", "손님을 잘 만나야 한다. 그런 손님을 만나기 위

해서는 노하우가 필요하다", "특별한 세일즈 테크닉이 있다", "세일즈는 무조건 경험이 풍부해야 한다", "경험보다 세일즈 교육을 통해 실적을 높일 수 있다", "단기 및 장기 목표 설정, 그리고 규칙적인 점검이 필요하다" 등등. 세일즈 경험론과 방법론에 관한 책들은 수없이 많은데 이것 저것 다 따라 하다가는 시간만 낭비할 수 있다. 그리고 문제는 어떤 것을 따라 한다손 치더라도 당장의 실적이 오른다는 보장이 없을 뿐더러 세일즈는 점점 더 미궁으로 빠진다는 사실이다. 이처럼 복잡한 상황을 해결하는 한 가지 묘책은 '상사를 잘 만나는 것'이다.

사실 타고난 세일즈맨은 극소수에 불과하다. 세일즈 잘하는 사람은 후천적으로 만들어지는 것이다. 자신의 내면에 숨겨진 세일즈 성향을 이끌어내어 이를 발전시켜야 한다. 스스로도 알지 못하는 잠재된 세일즈 재능을 발굴해주는 것이 상사의 역할이다. 실력 있는 농구팀이 코치를 대부분 전직 농구 선수 중에서 발탁하듯, 유능한 세일즈맨이 후진 양성에도 뛰어나다. 자신이 세일즈를 할 줄 모르면서 다른 사람을 가르치거나 관리할 수는 없다.

세일즈 매니저는 주로 최고의 세일즈맨으로 일한 경험이 있거나, 적어도 남들의 재능을 잘 알아볼 수 있어야 한다. 둘 중 어느 것도 없는 사람이 세일즈 부서를 이끈다는 것은 회사 입장에서도 대단한 손실일 뿐더러, 더 나아가서는 경쟁사에 인재를 모두 빼앗기는 재앙을 초래할 수 있다. 문제는 직장이 궁한 사람이 찬밥 더운밥 가릴 수 없듯이, 미래의 상사이자 멘토를 가려가며 회사에 입사하거나 이미 있는 상사를 내보낼 수는 없다는 것이다.

세일즈 세계에서 좋은 상사란, 부하직원의 실적을 향상시키고 올바른 방향으로 세일즈를 할 수 있도록 이끌어주는 사람이다. 좀 더 구체적으로 설명하기 위해 최악의 세일즈 매니저 한 사람을 소개하고자 한다. 앞서도 잠깐 언급한 바 있는 이 사람은 보험업계에서 이 회사 저 회사 옮겨 다니며 세일즈를 하다가 매니저로 발탁됐다.

보통 매니저는 세일즈맨들이 올리는 실적에 대한 커미션을 취한다. 물론 전체적인 실적에 대해 받는 수당이 있기 때문에 세일즈그룹 전체를 잘 이끌어야 한다. 보험업계는 특히 매니저가 최고의 세일즈맨으로 인해 얻는 수입이 크기 때문에 세일즈를 잘하는 사람이 한두 명만 있어도 매니저는 충분한 수입을 얻을 수 있다. 과거에 뛰어난 부하직원 한 명이 벌어들인 수입이 해마다 3억 원에 이른 적도 있었다고 한다. 이 점을 고려할 때 보험업계는 특히 인재를 알아보는 눈이 세일즈 매니저의 수입과 직결된다고 하겠다.

처음 보는 사람이 그를 찾아와 보험 세일즈를 해보고 싶다고 했을 때 그는 세일즈 경력이 전혀 없는 그 사람이 장차 자신에게 그토록 큰 이윤을 가져다주리라고 생각하지 못했다. 새로 고용된 사람이 뜻밖에 훌륭한 실적을 내면서 자신의 성공에 받침목이 되자 그 후로는 주위의 모든 사람을 마치 발굴되지 않은 금광처럼 보게 됐다.

그래서 그는 만나는 사람마다 보험 일을 해보라고 설득하기 시작했고 인재를 끌어들이기 위해 발버둥쳤다. 멀쩡히 회사에 다니는 사람들에게도 직장을 그만두고 보험 세일즈를 하면 큰돈을 벌 수 있다고 유혹했다. 앞서 말한 한 부부는 그의 말을 믿고 자신들의 적성이나 재능을 고려하지 않고 보험에 발을 들여놓았다가 패가망신하고 말았다.

그 사람은 내게도 보험 일을 해보라고 3년 동안이나 얘기했다. 치음에는 나도 반신반의하다가 10개월간 학교 다니는 셈 치고 보험설계사 자격증을 따기로 결심했다. 그러나 보험 세일즈는 내 분야가 아니었다. 무엇보다도 보험상품이 내가 생각하던 것과는 거리가 있었다. 보이는 물건을 파는데도 위험이 따르는데, 보이지 않는 상품인 보험을 파는 것은 더욱 위험하다는 생각이 들었다. 보험이나 재정관리 프로그램을 오랫동안 세일즈했다는 사람들 중에도 보험 상품에 대해서 나보다도 잘 알지 못하는 사람이 수두룩했다.

그 세일즈 매니저는 사람들을 현혹시켜 자신의 이권을 챙기기에 바빴고, 간혹 세일즈맨들의 손님을 중간에서 몰래 가로채는 행위도 서슴치 않았다. 자신의 말을 믿고 세일즈에 입문한 사람들이, 어렵게 찾아낸 고객을 몰래 따로 만나서 "그 사람은 신입이라서 세일즈를 잘 모른다. 베테랑 매니저인 내 말을 믿고 나와 거래하자"라고 한 것이다.

나 또한 엄청나게 큰 거래를 그에게 빼앗겼다. 그러나 그것이 오히려 그 사람의 본심을 알게 해준 것 같아 미련을 두지 않았다. 나는 그가 그 손님에 대해 이것저것 자세히 물어볼 때 그런 흑심이 있을지도 모른다고 예상은 했지만, 실제로 그가 혼자 찾아가 보험을 팔았다는 것을 알고 큰 충격을 받았다. 내가 이미 확인했음에도 불구하고 자신은 그런 사람이 아니라며 부인하는 그를 보면서, 돈 앞에서 그같이 허물어지는 그의 인생이 불쌍하다는 생각이 들었다. 그 후로 '상사를 잘 만나야 세일즈에서 성공한다'는 신념이 더욱 굳어졌다.

세일즈를 도와주지는 못할망정 이 같이 기운 빠지게 만드는 상사와 일하고 있다면 기회가 있을 때, 다른 회사를 알아보든지 회사에 알려 더 큰 피해를 막아야 한다. 그런 상사 밑에서 일하다가는 장차 법적인 피해까지 입을 가능성이 있기 때문이다. 그에게 한때 매년 수억원을 벌어다주었다는 세일즈맨도 결국 여러 차례 소송에 휘말려 곤란을 당했다는 소문을 들었다. 상사가 이 같이 돈에 눈이 멀면 그 밑에서 일하는 직원들도 도덕 불감증에 걸리기 쉽다.

세일즈 이후에 여러 가지 법적인 분쟁들이 생길 때, 그 세일즈맨을 보호해주는 것이 상사의 역할이다. 상사가 이 같은 역할을 제대로 수행할 능력이 없고 위험을 회피하는 것을 능사로 여긴다면, 세일즈맨 스스로 해결할 수 있어야 한다. 세일즈를 할 때 분쟁의 소지가 있을 경우 고객 앞에서 분명하게 선을 그어야 하고 또한 모든 관련 서류들을 잘 보관해야 한다.

그런데 대부분의 매니저가 실적만을 중시하기 때문에 이 부분에 있어서는 뛰어난 상사 역할을 기대하기 어렵다. 내 손님 중에서도 간혹 문제를 일으키는 사람이 있는데 그럴 경우 내가 직접 관련 서류를 제출하고 보고서 등을 작성한다. 상사가 소리를 지르고 짜증을 내더라도 나는 침착하게 이 부분을 처리한다. 회사에서 'Arrow 손님들은 모두 훌륭한 손님들이다'라고 인정할 정도로 손님들을 잘 가려서 자동차를 판매했고 혹 문제가 생겨도 스스로 해결책을 찾아냈다.

상사를 잘 만난다는 것은 정말 신나는 일이다. 나는 벤츠 세일즈를 하도록 나를 처음 고용했던 도시 중심가 판매점 상사의 진가를 오랜 시간이 지난 후에야 깨달았다. 그는 내가 판매한 벤츠에 문제가 생겨 손님이 항의하는 바람에 쩔쩔매고 있을 때 직접 나서서 '세일즈는 세일즈 부서에서, 서비스는 서비스 부서에서 해결해야 한다'고 손님을 설득시켜 상황을 정리하기도 했다.

또한 아무리 업무가 바빠도 교육을 받아야 한다면서, 실적과는 상관없이 내가 세일즈 개인 지도를 받을 수 있도록 주선해줬다. 시간이 지나고 그때 개인 지도를 위해서 회사 돈으로 전문 세일즈 강사를 고용한것을 알고 크게 감동했던 기억이 난다. 내가 좀 수상한 손님을 상대한다 싶으면 다가와 거래의 진의를 파악하고 '불량 손님'이라 판단되면 가차없이 판매점에서 내쫓았다. 다른 판매점의 한인 세일즈맨을 따라한답시고 손님의 집으로 벤츠를 몰고 가서 세일즈를 하려 하면, 법적인 분쟁이 생길 소지가 많다면서 만류했다. 처음에는 실적보다 공정 거래를 중시하는 상사의 태도가 답답할 정도였는데 세월이 흐른 뒤 돌아보니 결과적으로 그가 선택한 방법이 모두 옳았다는 생각이 든다.

한번은 손님이 없는 오후에 세일즈맨들이 삼삼오오 모여 잡담을 나누고 있었다. 그런데 그가 다가오더니 난데없이 판매점 정문 옆에 핀

꽃을 가리키면서 "저 꽃이 무슨 꽃이냐?"고 물었다. 상사가 물으니 직원들이 이것저것 이름을 갖다 붙였다. 어떤 이는 꽃에 대한 상식이 풍부한 것을 자랑하려고 알뿌리과니 뭐니 하고 설명했다. 나는 다른 사람들의 설명을 들으며 '저 꽃이 그리 중요한 꽃인가' 하고 생각했다.

그가 내게도 "저 꽃이 무엇이냐?"는 똑같은 질문을 던졌는데, 나는 꽃에 대해 잘 알지도 못하고 더욱이 영어명은 아는 바가 전혀 없어서 그냥 '노란 꽃'이라고 대답했다. 그가 웃으면서 "그럼 그 옆의 꽃은 무슨 꽃이냐?"고 또 물었다. 나는 이상하다 싶었지만 '빨간 꽃'이라 대답했다. 그랬더니 그가 **"Arrow**가 맞혔다"며 세일즈를 너무 복잡하게 생각해서는 안 되며, 단순하고 간단하게 손님의 눈높이에 맞춰 접근해야 한다고 말했다. 그는 늘 생활 속에서 사람들이 세일즈를 쉽게 생각할 수 있도록 교육했고, 또 복잡하고 장황한 내용을 이해하기 쉽게 설명하는 천부적인 재능이 있었다.

잠깐이었지만 그를 상사로 둔 동안 나는 내 기량을 마음껏 펼칠 수 있었다. 그러나 그의 그늘에만 있었다면 고통스런 세일즈는 영원히 경험하지 못했을지도 모르겠다. 좋은 상사가 반드시 직원들로 하여금 최고의 실적을 내도록 만드는 것은 아니다. 좋은 상사는 알게 모르게 직원들의 삶에 긍정적인 영향을 끼칠 수 있는 상사다. 그리고 일회적인 세일즈보다는 합리적인 세일즈를 오래 할 수 있는 분위기를 만드는 데 주력한다. 또한 자신이 떠난 자리를 다른 사람이 메운다 하더라도 회사가 계속 좋은 방향으로 운영되도록 직원들에게 세일즈 모토를 심어준다.

한번은 "어떤 손님이 무서울 정도로 가격을 깎으면서 나를 괴롭힌다"고 말했더니 그는 "나도 그 사람이 무섭다"고 말했다. 세일즈맨이 사람을 무서워한다는 것이 다소 우습게 들릴 수도 있겠지만 경험 많은 그도 "사람이 무섭다"는 말로 동감을 표함으로써 '그런 상황에서는 누구나 다 마찬가지'라는 사실을 정직하게 알려줬다. 또한 그는 "너는 사람을 두려워하지 않는 놀라운 능력이 있다"는 말로 나를 격려해줬다.

좋은 상사를 만나 일에만 전념할 수 있다면 그 사람은 정말 운이 좋은 사람이다. 우리는 그런 상사를 만나기 위해 어느 정도 노력할 필요가 있다. 직장을 옮길 때 인터뷰를 신중하게 하고, 여러 상사의 정직성도 테스트해봐야 한다. 현재 상사의 역량과 그릇을 대략 파악해두는 것도 중요하다. 원래 그릇이 작은 사람을 원망하기만 하는 것이야말로 시간 낭비다. 상사의 아킬레스건을 미리 알아두는 것도 필요하다. 하지만 그 부분은 되도록이면 건드려서는 안 된다. 또한 끊임없이 똑같은 말로 실적을 운운하며 신경질을 내는 상사가 있다면 한 귀로 듣고 한 귀로 흘려야 한다. 실적이 떨어지면 제일 배고픈 사람은 세일즈맨 자신이다. 세일즈로 인해 스트레스를 받지 않도록 스스로를 다독일 필요가 있다.

누구든 상사의 자리에 올랐을 때 부하 직원들을 아끼고 배려해야 하며 그들에게 애정을 보여야 한다. 애정이 없으면 상사의 자리에 있는 것이 곤욕일 수 있다. 자신이 직접 세일즈를 하면 더 많이 벌 수 있는데도 불구하고, 남들을 뛰게 해놓고 실적이 생각만큼 오르지 않으면 답답하고 화가 날지도 모른다. 좋은 상사 또한 노력한다고 되는 것이 아니며, 직원 관리와 동기부여에 유난히 재능이 있는 사람이 따로 있다는 것이 나의 생각이다. 세일즈를 지원하는 사람이 있을 때, 일단 부정적인 부분들까지 알려주면서 그에 대한 각오가 돼 있는지 묻는 사람이 있다면 그는 좋은 상사일 가능성이 높다.

방황하는 시간은 짧을 수록 좋다

"살다 보면 잘못된 길을 걷게 되는 때도 있지만, 그런 줄 알면서도 포기하지 못하는 이유는, 좀 더 가다보면 제대로 된 길을 찾을 수 있을 것 같은 희망 때문이다."

미국 시민권을 갖고 있는 한국인 친구가 있다. 그는 친구가 부동산 중개업으로 큰 재산을 모은 것을 보고 자신도 거기에 뛰어들기로 마음먹고 다니던 직장을 그만뒀다. 훤칠하고 서글서글한 외모와 뛰어난 학벌, 오랜 직장생활 경험을 바탕으로 한 금융 지식, 부유한 일가친척들과 폭넓은 인맥, 특히 영어와 한국어를 자유자재로 구사하는 뛰어난 언어 능력 등등. 어느 한 가지도 중개업을 하는 친구에게 뒤지는 것이 없었다. 자신감에 충만했던 그는 부동산 라이선스를 취득하자마자 대박이 날 것처럼 흥분했고, 그를 고용한 부동산회사 사장도 직원들에게 훌륭한 인재가 들어왔다고 소개했다. 그는 자동차도 근사한 것으로 바꾸고 고객을 상대할 때 필요한 노트북 등 장비도 마련했다.

그러나 기대했던 바와는 다르게 그는 면허를 취득한 지 6개월 만에 겨우 한 건의 거래를 성사시켰다. 그것도 잘나가는 동료의 바쁜 스케줄 덕분에 우연찮게 건진 조그만 거래였다. 그 후로 1년 동안 허송세월을 하면서도 그는 '절대 포기할 수 없다'며 부동산 중개업을 계속했다. 결국 직장생활을 하면서 모아둔 돈을 모두 탕진한 후에야 예전 직장으로 돌아갔다. 그와 함께 샐러리맨 생활을 했던 직장 동료들은 모두 승진했는데 반해 그는 처음부터 다시 시작해야 했다.

만약 그에게 미리 일반적인 세일즈 지식과 부동산업의 장점과 단점을 설명해준 사람이 있었다면 2년 가까이 되는 시간을 허송세월하면서 보내지는 않았을 것이다. 그동안 그는 세일즈 노하우를 배우기 위해 열심히 사람들을 쫓아다니고 접대했다. 그때 쓴 접대비와 자동차 유지비도 만만치 않았다. 그는 단순히 2년이란 세월과 종잣돈만 잃은 것이 아니라 중요한 승진 기회와 자신감까지 상실했다.

살다 보면 잘못된 길을 걷게 되는 때도 있지만, 그런 줄 알면서도 포기하지 못하는 이유는 좀 더 가다보면 제대로 된 길을 찾을 수 있을 것같은 희망 때문이다. 그런데 그 희망이 실현되지 못하면 자존감이 큰 상처를 입게 된다. 이는 아예 시작하지 않느니만 못하고 혹시 시작했더라도 방황하는 기간이 짧을수록 좋다. 자존감을 잃으면 인생의 낙오자가 된 것 같은 패배의식이 생길 수도 있기 때문이다.

나는 사람의 재능이 갑작스럽게 나타나는 것이 아니라 처음부터 천천히 드러난다고 믿는다. 열심히 하다보면 누구나 세일즈의 대가가 되는 것은 절대 아니라는 사실을 말해주고 싶다. 세일즈 능력은 그 사람만이 갖고 있는 일종의 적성이고 재능이다.

수 많은 세일즈 책들 중에 몇 권을 읽고, 세일즈 강의란 강의는 모두 들으며 최고 세일즈맨의 노하우를 그대로 따라 하는데도, 사람들이 언제나 비슷한 실적을 내는 이유를 이제 알게 되었을 것이다. 세일즈 책의 저자들이나 혹은 세일즈 강사들이 제대로 된 노하우를 알려주지 않은 탓일까? 그들만의 비밀 노하우가 따로 있는 것일까? 나는 절대 그렇지 않다고 생각한다.

나는 그런 현상이 벌어지는 주요한 이유가, 모든 재능이 그렇듯 세일즈 재능도 흉내 낼 수는 있어도 내 것이 될 수는 없기 때문이라 생각한다. 더군다나 음악적 재능과 같은 일반적인 재능은 인성을 망가뜨리는 경우가 없지만, 세일즈 경우에는 재능이 없는 사람이 생계를 이유로 오랫동안 하다 보면 종종 인성이 나빠지게 된다. 어찌 보면 세일즈란 직종은 일종의 사이비 종교처럼 점점 깊이 빠져드는 경향이 있어 위험할 때도 있다.

나를 처음 고용한 세일즈 매니저가 늘 실적이 저조한 세일즈맨이 회사에 대해 이것저것 불평을 늘어놓자 "당신은 세일즈에는 재능이 없는 것 같으니 다른 일을 해보는 게 낫겠다"라고 말했다. 그 세일즈맨은 화가 나서 회사를 그만두고 다른 곳으로 옮겼고, 그곳에서도 바로 또 다른 곳으로 옮겼다. 그는 늘 열심히 하는데 판매가 잘 되지 않으니 가는 곳마다 불평을 늘어놓았다.

나는 그런 충고를 하는 세일즈 매니저가 처음에는 '너무 야박한 것 아닌가?' 하고 생각했는데, 나중에는 그 사람에게 꼭 필요한 충고임을 깨닫게 되었다. 생활이 궁핍하고 온갖 절망과 좌절 속에서 불평불만을 토로하는 그는 왜 다른 길을 찾을 생각을 하지 못했을까? 그는 세일즈를 열심히 하는 길만이 살길이라 단정 지었다. 자신의 적성을 전혀 고려하지 않은 그는 먹고살기 위해 하는 일은 모두 힘들다고 생각하는 것 같았다. 그런 그에게는 여전히 희망의 금광이 보이지 않는 듯하다.

세일즈가 적성에 맞아서 선택한 이들보다는 나처럼 직장이 필요해서 잘 알지도 못하고 시작한 이들이 대부분이다. 그런 사람들은 '무조건 열심히 해야지' 하는 생각으로 물불을 가리지 않고 달려들 것이다. 세일즈 하면 떠오르는 온갖 부정적인 이미지 때문에 주위 사람들도 '어쩌다가 저런 일을' 하고 은근히 불쌍하게 본다. 어떤 일이든 배워보지도 않고 재능을 논하는 것은 의미가 없다. 그러나 세일즈에 입문하기 전에 자신의 적성을 어느 정도 파악하는 것은 확실히 중요한 일이다.

앞서 소개한 드라마틱한 이야기들을 듣고 고무되어 있다가 갑자기 '세일즈도 재능이다'라는 말이 얼떨떨할 수 있다. 그런데 세일즈를 즐기는 동료들을 보면서 나는 점점 그를 확신하게 됐다. 세일즈를 잘할 수밖에 없는 모든 여건을 갖췄음에도 불구하고 세일즈를 못하는 사람이 있는가 하면, '도대체 어떻게 세일즈를 할까' 싶은 사람이 수억 원의 연봉을 받는 경우도 있다. 그 모든 현상을 설명할 수 있는 전제 조건은 '세일즈가 적성에 맞고 그에게 세일즈 재능이 있는 것'으로 요약될 수 있다.

나조차도 세일즈를 시작하기 전에는 내게 세일즈에 재능이 있는지 알지 못했다. 다른 직장에서는 1년 이상 일해본 적이 없는 내가 자동차 세일즈에 입문해서 벌써 8년차가 됐다. 나를 고용했던 예전 회사의 판매점 매니저조차도, 내가 몇 달이나 버틸 수 있을지 걱정되었다고 말한 것을 보면, 겉모습만 보고 그 사람을 판단하는 것은 어려운 일이다.

'세일즈는 적성이고 재능이다'라는 주장과 함께 두 가지 중요한 사실을 언급하고자 한다. 한 가지는 자동차 세일즈를 잘한다고 해서 다른 종류의 세일즈도 잘하는 것은 절대 아니라는 사실이다. 나는 자동차 세일즈를 시작하기 전에 약간의 세일즈 경험이 있었다. 몇 개월간 부동산 중개회사와 융자회사를 다녔다. 정식으로 일하지는 않았지만 나와는 맞지 않다는 것을 금방 알 수 있었다. 그들이 하는 일은 매우 추상적이고 복잡해 보였다. 무엇보다도 낮에는 회사가 늘 텅 비어 있는 것이 생기가 없어 보였다.

그런데 벤츠 세일즈를 시작하고는 내게 일에 대한 열정이 생겼다. 일하는 즐거움과 활기가 넘쳤고, 그 덕분에 동료들과 가끔 껄끄러운 일이 생겨도 견딜 수 있었다. 그러다가 잠시 보험업계에 들어가 자동차 세일즈에서 배운 노하우를 바탕으로 일했다. 열심히 공부했고 모든 보험 세미나에 참석해 충분한 지식을 갖췄다. 그런데 막상 손님을 만나면 자꾸만 '내가 팔려는 보험이 과연 저 사람에게 도움이 될까?' 하는 의구심이 들었다. 내가 파는 품목에 대한 자부심이 결여된 탓인지는 몰라도 실적은 10개월 동안 거의 전무한 수준이었다.

나의 경험에 비춰볼 때, 세일즈 재능은 특정 품목과 맞아 떨어져야만 그 가치를 발할 수 있다. 예를 들면 올림픽 육상선수가 수영선수로 전향할 경우 그가 올림픽에 다시 출전하게 되리라고는 아무도 장담할 수 없다. 같은 운동이라 해도 종목이 달라지면 선수의 기량도 달라진다. 뛰어난 농구선수가 자신이 만능 스포츠맨이라는 것을 보여주기 위해 야구 선수로 전향했다가 결국엔 농구로 다시 돌아왔다. 그 선수는 바로 누구나 다 아는 '마이클 조던'이다.

처음부터 자신에게 맞는 세일즈 품목을 만난다면 천만다행이겠지만 세상에는 물건이 너무나도 많고 세일즈의 성격도 천차만별이다. 방문 세일즈, 홍보 세일즈, 그룹 세일즈, 개인 세일즈 등등. 자동차 세일즈만 하더라도 차종을 바꾸어가며 하는 세일즈맨이 많은데, 어떤 차를 잘 팔았다고 다른 차를 잘 파는 것은 절대 아닌 것 같다. 어떤 세일즈맨은 상류층을 상대하는 고급 브랜드를 팔 때는 늘 신경 질환에 시달리고 실적도 저조했는데 중저가 차량 세일즈로 옮긴 다음에는 제 능력을 발휘할 수 있었다고 한다.

그렇다고 회사를 수시로 옮길 수는 없는 노릇이 아니겠는가? 그런 시행착오를 줄이기 위해서는 자신의 적성을 잘 아는 것이 중요하고, 한 번 들어간 회사를 그만둘 때에는 예전과는 전혀 다른 세일즈를 시도해 보는 것이 좋다.

나는 벤츠 판매점을 떠나 있었던 10개월 동안 세 군데의 보험회사를 옮겨 다녔다. 첫 번째 보험회사에서 좋은 실적을 거두지 못하자 나는 내가 보험과 맞지 않는다는 생각은 하지 못하고 보험회사에 문제가 있다고 생각했다. 두 번째 보험회사는 직원을 선발하는 기준이 엄격하고 매일 훈련을 시키는 회사였다. 그 회사에 들어가서도 세일즈 실적이 거의 없자 나는 또다시 다른 보험회사를 찾아갔다. 그리고 얼마 되지 않아 그만두었다. 세 번의 시행착오를 통해 나는 보험 세일즈가 나와 맞지 않는다는 사실을 깨닫게 되었다. 보험은 내가 정보를 제공하고 손님이 상품을 사도록 유도하는 것이기 때문에, 확실한 것을 좋아하는 내 성격과 맞지 않았다.

세일즈를 즐기려면 무엇보다도, 내가 파는 품목이 최고라는 강한 자부심이 있어야 한다. 쉬운 예로, 전도를 잘하는 사람들을 보면 자신이 예수님을 진실로 믿고 예수님으로 인해 정말 행복한 사람이다. 교회에서 교육하고 시킨다고 해서 되는 것이 아니다. 물론 교육을 통해 전도하는 기술이나 방법을 배울 수는 있지만 전도하려는 마음은 스스로 갖고 있는 믿음에서 우러나온다.

나는 벤츠를 판매하면서 개인적으로 다른 차종을 탄 적이 한 번도 없다. 나와 가족을 위해 산 벤츠만 해서 8년 동안 10대나 된다. 매년 새 벤츠를 구입했다 해도 과언이 아니다. 주위 사람들이 "차로 번 돈을 모두 차에 쓴다"고 비웃었지만 벤츠에 대한 개인적인 선호도가 세일즈에 불을 지피는 원동력이 되었다. 자기가 판매하는 물건을 사랑하는 수준이 아니라면 그를 세일즈해 성공하겠다는 생각은 아예 하지 않는 것이 좋다.

훌륭한 세일즈맨이 되기 위해서는 세일즈에 대한 열정과 재능이 있어야 하는데 그보다 더 중요한 것은 적성이다. 예를 들면 실적이 저조할 때 당황하지 않고 여유 있게 기다릴 줄 알아야 세일즈를 끝까지 잘 할 수 있다. 어떤 사람은 실적이 떨어지면 초조해져서 주위 사람들에게 신경질을 내고 감정을 조절하지 못하는데, 이런 사람들은 세일즈를 해서는 안 된다. 늘 감정을 절제하고 잘 웃는 성격이 세일즈에서 살아 남는다.

또한 세일즈를 하다 보면 황당하고 어처구니없는 사람들을 상대하게 되는데, 이런 어이없는 사람들조차도 웃어넘길 수 있는 낙천적인 성격이 요구된다. 예를 들면 어떤 사람은 내 개인 전화로 한밤중에 전화를 걸어 다짜고짜 "벤츠를 얼마까지 줄 수 있느냐"고 묻는다. 벤츠의 차종, 옵션, 색상, 각 주의 판매세도 각각 다른데 가격부터 말하란다. 차근차근 설명해주려 하면 화를 내면서 "시간낭비하기 싫다"고 말을 자른다. 그쯤 되면 나는 그 사람을 판매 제외 대상으로 분류하고는 "시간이 날 때 한번 방문해달라"고 상냥하게 말하고 전화를 끊는다.

전화를 끊자마자 나는 다시 가족들과 TV를 보면서 즐거운 시간을 보낸다. 그러면 남편은 그런 기분 나쁜 전화를 받고 어떻게 그렇게 표정이 밝을 수가 있냐고 묻는다. 나는 피식 웃으면서 "그게 제 차지 내 차야? 아쉬우면 다시 전화하겠지"라고 대답하고 곧 잊어버린다.

나의 낙천적인 성격 때문에 때론 동료들이 득을 보기도 한다. 예를 들면 어떤 동료가 실적이 몹시 저조한데 나와 대화하고 난 후에는 이상하게 판매 실적이 좋아지는 경우를 많이 보았다. 어떤 이는 아예 실적이 저조할 때마다 내 책상으로 와서 이런저런 이야기를 하다 간다. 그러면 또 그 동료의 실적이 향상된다. 어떤 이유로 나와의 대화가 동료들의 실적 향상에 도움을 주었는지는 정확히 알 수 없지만 나는 다른 사람들에게 동기를 부여하는 재주가 있는 것 같다.

내가 만약 직원들을 관리하는 매니저급이 된다면 회사가 시키는 대로 다른 판매점으로 옮겨야 할 수도 있는데, 그 판매점이 반드시 같은 차종을 파는 것은 아니다. 또한 관리직은 세일즈와 비슷해 보이지만 전혀 다른 분야다. 세일즈를 잘한다고 해서 직원들을 잘 관리할 수 있는 것은 아니다. 게다가 세일즈를 할 때보다 수입이 줄어들 수 있으며, 일하는 시간이 더 늘어날 수 있고 스트레스를 더 많이 받을 수도 있다.

그러나 분명한 것은 사람들의 실적을 향상시키고 그를 바탕으로 전체적인 성과를 높이는 일은 내게 새로운 도전이 될 것이라는 사실이다. 나는 그 일을 꼭 해보고 싶다. 내가 직접 뛰는 세일즈에서 다른 사람들이 실적을 올리도록 도와주는 세일즈로 전환해 사람들에게 동기를 부여해 주고 싶다. 사람들이 갖고 있는 세일즈 재능을 알아봐주고 그를 향상시키는 일은 분명 내게 큰 보람을 가져다줄 것이다.

4장

모든 일이 생각처럼
쉽지 않은 당신에게

MCJ International Inc.

황금 거위의 꿈

"'황금알을 낳는 거위는 자신의 운명을 남의 손에 맡겨놓고
일반 거위들이 먹는 것과 같은 먹이를 먹으면서 수동적인 인생을 살았다.
남과 다르다는 것을 슬픈 운명으로만 여겼지, 그것이
진정한 가치를 창출하는 귀한 보석이라는 것을 깨닫지 못했다."

이솝우화 중에 한 농부가 우연찮게 황금알을 낳는 거위를 발견해 부자가 되는 이야기가 있다. 그는 점점 더 욕심이 커져 황금알을 한꺼번에 많이 얻고자 거위의 배를 가른다. 하지만 거위의 뱃속에는 아무것도 없었고 농부는 거위를 잃고 자신의 경솔함을 평생 후회한다.

실제로 우리 인생에서 이렇듯 욕심 때문에 귀중한 재산을 한순간에

잃는 일은 거의 일어나지 않는다. 오히려 그런 거위가 있으면 애지중지 하다가 중요한 기회를 놓치는 경우가 더 많을 것이다. 황금알을 낳는 거위를 잘못 다뤄 죽게 만들 수도 있다. 이런 상황을 현실적인 관점에서 그려봤다.

황금알을 낳는 거위를 한 마리씩 소유한 A와 B라는 농장이 있었다. 황금알을 낳는 거위 덕분에 두 농장의 주인들은 엄청난 돈을 벌어 해마다 농장을 더욱 넓혀나갔다. 다른 거위들의 숫자도 계속 늘어나고 있어 거위 사육으로 벌어들이는 돈도 만만치 않았다.

그런데 가끔씩 농장을 비울 일이 생겨 두 농장 주인은 그 사이 거위들을 돌볼 개들을 고용했다. A 농장 주인은 훈련받은 사나운 개들을 데리고 왔다. 반면 B 농장 주인은 거위들과 친구처럼 지낼 수 있는 순하고 영리한 개들을 데리고 왔다. 개들로 인해 농장 주인들은 마음놓고 해외 여행을 가거나 각종 모임에 참석할 수 있었다. 그리고 그때마다 개들이 직접 거위들을 지키고 돌봤다.

잔혹하고 사나운 성격의 A 농장 개들은 군기를 잡는다는 이유로 거위들을 매일 한 줄로 서도록 훈련시켰다. 거위들이 줄을 제대로 서지 않으면 사정없이 짖어댔다. 그런데 황금알을 낳는 거위는 어찌된 영문인지 줄을 제대로 서지 못해 날마다 개들에게 혼나고, 또 거위들 사이에서도 왕따를 당했다. 더욱이 황금알을 낳는 거위를 주인이 특별히 애지중지하는 꼴이 못마땅했던 A 농장의 개들은 그 거위를 공격하면서 자신들의 말을 잘 따르라고 위협했다.

온갖 시달림에 탈진해버린 황금알을 낳는 거위는, 더 이상 황금알을 낳지 못하고 시름시름 앓게 되었다. 주인이 돌아오면 책망받을 것이 두려워진 개들은 거위에게 억지로 음식을 먹이면서 황금알을 낳으라고 짖어댔다. 황금알을 낳는 거위는 먹은 것을 토해냈고 건강은 더욱 악화되었다.

이에 A 농장 개들은 황금알을 낳는 거위를 어떻게 처분할지 의논했다. 그 중 한 가지 방법이, 황금 거위가 죽기 전에 얼른 그 거위의 배를 갈라서 몇 개 안 되더라도 황금알을 건지자고 말했다. 나머지 개들도 모두 좋은 생각이라고 동의해 거위 배를 갈랐더니, 그 안에는 내장과 창자밖에 없었다. 오랜 여행에서 돌아온 주인은 이 사실을 알고 화가 나서 개들을 다 처분해버렸다.

반면 B 농장 주인은 성격이 순하고 영리한 개들만 골라 거위를 지키게 했다. B 농장 개들은 밤이 되면 거위들을 따뜻한 우리로 들여보내고, 거위들이 놀다간 자리를 깨끗하게 정돈했다. 또한 다음 날 먹일 음식을 준비해놓고, 거위들이 푹 자고 내일 또 알을 낳을 수 있도록 모든 준비를 갖췄다. 무엇보다도 주인이 황금알을 낳는 거위를 아낀다는 사실을 눈치채고는 거위에게 스트레스를 주지 않기 위해 최대한 신경썼다.

어느 날, 영리한 개들이 가만히 지켜보니 황금알을 낳는 거위가 풀이 죽어 혼자 다니는 것이 아닌가. 다른 거위들이 자기들은 생명이 자라는 알을 낳는데, 황금알을 낳는 거위는 날마다 노란 돌덩어리를 낳는다고 놀렸기 때문이었다. 영원히 자식을 가질 수 없다는 것을 깨달은 황금 거위는 충격이 이만저만이 아니었다.

영리한 개들은 "네가 주인의 총애를 받으니 질투가 나서 그러는 거야"라고 거위를 위로해주었다. 그리고 '저 거위들은 사육되다가 언젠가는 도살될 운명이지만 너는 주인의 총애를 받으면서 끝까지 살아남을 거란다. 그러니 너는 아무 걱정말고 우리만 믿어" 하면서 황금알을 낳는 거위가 갖고 있는 능력과 가치를 일깨워주었다.

한편 대표격인 개는 일반 거위들을 따로 모아 일장 연설을 했다. "우리 농장이 훌륭한 복지제도를 갖추고 너희들이 행복하게 살 수 있는 이유는 모두 저 거위가 황금알을 낳아주기 때문이다. 황금알을 낳는 거위도 자기 새끼를 낳아 키우면서 행복하게 살고 싶지만, 우리 모두를 위해 자신을 희생하고 있는 것이다. 너희들이 그런 그를 따돌리고 놀려서야 되겠는가?" 하면서 주위를 둘러보았다. 그 말에 거위들은 미안해 어쩔 줄 몰라 했다.

그 후로 황금알을 낳는 거위는 스타가 되었고, 각종 거위 모임에 초대되어 바쁘고 행복한 날들을 보냈다. 정신이 건강해짐에 따라 육체도 더욱 건강해져 이제는 하루에 한 개가 아니라 두 개씩 알을 낳게 되었다. 이에 B 농장 주인은 더욱 부자가 되었고 영리한 개들은 주인의 총애를 받으며 죽는 날까지 곁을 지켰다.

이야기를 들으면서 당신은 누가 주인이고 누가 개들이고 누가 거위인지 이미 눈치챘을 것이다. 이 개들처럼 중간관리자 역할을 하는 사람들은 회사의 손익에 큰 영향을 미친다. 사실 거위들이 개들의 지시에 따라 줄을 잘 서는 것은 생산성과 아무런 관계가 없다. 거위들의 본분은 부지런히 알을 낳는 것이다. 그 중에는 황금알을 낳는 거위처럼 회사에 직접적으로 이익을 가져다주는 부서가 있으며, 이는 회사의 매출을 담당하는 부서이기도 하다.

황금알을 낳는 거위 같은 부서가 인사과나 중간관리자의 마음에 들기 위해 쓸데없는 일에 신경쓰느라 일을 제대로 하지 못하면 회사가 휘청거리게 된다. 고객을 창출하는 자신의 본분을 잊고 사내 정치에 휩쓸리다가는 실적은 고사하고 회사 분위기마저 엉망이 되어버린다.

또한 중간관리자들이 지위를 남용해 그냥 두면 그럭저럭 굴러갈 회사를 자신들의 성격에 맞게 뜯어고치기 위해 아랫사람들을 괴롭히면, 결국 얼마 못 가서 회사는 내리막길을 걷게 되어 있다. 아랫사람들이 거둔 성과를 가로채서 자신의 것인 양 CEO에게 보고하는 중간관리자들도 있다.

어떤 사회든 특별한 재능을 갖고 있는 사람들이 존재하고, 그 재능 있는 사람들을 모아 회사를 운영하는 사람들이 있다. 그리고 이익과 직결된 이해관계 속에서 개개인을 보호하면서 재능을 발휘하도록 만드는 계급인 중간관리자들이 있다. 그런데 A 농장의 개들처럼 자신에게 부여된 권력을 남용하면서 철저히 비인간적인 행위를 일삼는 사람들이 간혹 있다. 그런 사람들 주변에는 그것이 '옳지 않다'는 사실을 알면서도 어쩔 수 없이 동조하는 비겁한 사람들이 반드시 있다. 그래서 '강하니까 잡아먹고, 약하니까 잡아먹히는' 일이 인간 사회에서 일어난다.

여기서 도대체 문제의 본질이 무엇인지 따져볼 필요가 있다. '약육강식'은 늘 나타나는 현상이다. 그럼 중간관리층은 백해무익한 것인가? 아니다. B 농장의 경우는 중간 관리자 덕택에 구성원 모두가 행복해지는 '윈윈 솔루션'을 찾아낼 수 있었다.

진정한 문제는 '황금알을 낳는 거위가 자신의 가치를 제대로 알지 못한 것'이다. 황금알을 낳는 거위는 자신의 운명을 남의 손에 맡겨놓고, 일반 거위들이 먹는 것과 같은 먹이를 먹으면서 수동적인 인생을 살았다. 남과 다르다는 것을 슬픈 운명으로만 여겼지, 그것이 진정한 가치를 창출하는 귀한 보석이라는 것을 깨닫지 못했다.

이 얼마나 안타까운 일인가? B 농장에 견학이라도 갈 용기가 있었더라면, 자신의 가치가 다른 사회에서는 다르게 취급될 수 있음을 깨달았을 것이다. A 농장의 부당한 대우를 개선하기 위해 끊임없이 노력했다면 상황은 얼마든지 나아질 수 있었을 것이다. B 농장으로부터 스카우트 제의를 받을 수도 있었을 것이다. 아니면 자기가 낳은 알을 직접 시장에 들고 나가서 팔 수도 있었을 것이다. 용기를 내 주인에게 거위 다루는 법은 거위인 자기가 더 잘 아니까 승진을 시켜달라고 설득할 수도 있었다. 문제는 그 어느 방법도 취하지 않고 시름시름 앓으면서 자신의 운명을 잔혹한 개들에게 내맡긴 것이다.

　　자신의 가치를 제대로 알지 못하는 불행한 사람은 빵 한 조각을 위해 죄를 짓는 어리석은 행동을 한다. 지혜롭지 못한 여성들은 아리따운 몸뚱어리를 팔아 간신히 생계를 유지할 수 있는 적은 돈을 번다. 자신의 재능과 가치를 처음부터 제대로 파악하지 못하고 일일 노동으로 고달픈 인생을 사는 사람들도 많다. 자신의 가치를 알지 못하면 자기를 해치려는 자에게도 비굴한 웃음을 짓게 된다. 더욱 비참한 것은, 자기 자신의 가치를 알지 못하면 자녀의 가치도 알아보지 못해 가난과 불행이 대물림된다는 사실이다.

　　내가 벤츠를 판매한 손님들 중에는 각계각층의 유명인사들이 많은데, 하버드대학에서 강의했던 불교의 대스님도 있었다. 처음 판매점을 방문한 그분은 다른 세일즈맨이 먼저 다가갔음에도 불구하고 나를 지목하고 내게서 차를 사겠다고 말했다. 그것이 인연이 되어 그분이 서비스를 받으러 올 때마다 잠깐씩 이야기를 나눴다.

　　하루는 그분이 내게 "Arrow M 씨는 왜 예수님을 믿어요?"라고 물었다. 나는 "이 세상 어떤 신적인 존재도 저런 사람의 가치를 알아봐주고

DREAM RUSH

대가를 지불하지 않았는데, 예수님은 자신의 목숨을 버리시며 제 가치를 알려주셨습니다. 다른 종교의 논리가 아무리 훌륭해도 소용없습니다. 저는 저를 위해 엄청난 대가를 치르신 그분을 믿을 것입니다"라고 대답했다.

여기서 말하는 나의 가치란 무엇인가? 가치가 있다는 것은 결국 희소성이 있다는 뜻이다. 남과 똑같이 생각하고 똑같이 행동하면 그 희소성의 가치가 드러날 수 없다. 다른 사람과는 다른 탁월한 가치가 있다는 것은 그만한 가치를 가진 사람을 쉽게 찾을 수 없다는 의미다. 그것은 물질적인 소유만을 의미하는 것이 아니다. 강한 정신력, 뛰어난 리더쉽, 부단한 노력, 단호한 절제력, 그리고 원대한 비전 등 모든 의미에서 남다르다는 것을 의미한다.

그러나 아무것도 하지 않으면서 저절로 스스로의 가치가 높아지기를 바라서는 안 된다. 자신의 가치를 높이기 위해서는 기꺼이 희생을 감수해야 한다. 때로 타인으로 인해 자신의 가치가 짓밟히고 희망이 꺾인다 할지라도 묵묵히 자신의 길을 가는 것이, 스스로의 가치를 높이는 길이다. '현실'이라는 주어진 현상에 이리저리 끌려다니기보다 스스로가 옳다고 생각하는 길을 가야 후회가 없다. 명품으로 치장하고 고급 레스토랑에서 공허한 대화나 나누는 '그런 수박 겉핥기식'의 '벨류 업'을 하라는 것이 아니다.

진주의 가치를 알아보는 조개가 과연 있을까? 굴은 진주를 자기 삶의 아픔으로만 간주하고, 그 진주로 인해 자기가 얼마나 가치 있는 존재가 되는지 생각하지 못한다. 대부분의 광물성의 보석과는 달리 진주는 유일하게 생명체가 만들어내는 보석이다. 모래나 작은 돌덩어리가 피막을 파고들면 조개는 우윳빛 액체를 분비해 그것을 감싼다. 알고 보면 진주는 아픔을 완화하기 위한 자연의 섭리에 의해 만들어지는 것이다. 조개의 입장에서 보면 진주는 아픔의 결과물이자 자신의 건강을 해친 주범일 수밖에 없다. 그래서 진주라는 보석이 갖고 있는 의미는 또한 '눈물'이다.

그런데 진주를 품고 있는 조개는, 스스로 잘 알지 못하는 엄청나게 귀한 가치를 갖는다. 나는 가끔 우리 개개인이 진주를 품고 있는 조개처럼 자신의 값어치를 제대로 알지 못한다는 생각이 든다. 그렇다고 흔해빠진 조개가 모두 가치가 있다는 이야기가 아니다. 훌륭한 가치가 있는 자가 스스로의 가치를 모르는 경우가 있다는 것이다. 그리고 그런 사람들은 자신의 가치를 모르기 때문에 헐값에 노동력이 착취되고 가치가 매겨져도 당연하다고 생각한다.

세일즈를 생각할 때마다 나는 전투병들이 무전기를 들고 뛰어다니는 전쟁터를 연상한다. 그리고 남자들이 대부분인 전쟁터에서 눈에 불을 켜고 최전방을 분주히 뛰어다니는 내 모습을 떠올린다. 긴장감이 흐르고 자칫 잘못하면 나의 커리어뿐 아니라 나의 자존감도 무너질 수 있는 그런 상황을 그려본다. 동료들은 어떤지 모르지만 적어도 나는 그렇게 느낀다.

온갖 권모술수가 난무하는 곳에서 혼자 낭만적으로 낙담하고 있는 사이, 경쟁자가 나를 저만치 앞질러가는 모습을 보고 초조해진다. 그들은 당장의 성과를 위해 눈앞의 적을 향해 맨손으로 뛰지만 나는 틈틈이 세일즈 무기들을 점검하며 장차 거두게 될 엄청난 성과를 노린다. 가만히 있는 것 같지만 나는 더 높이, 더 멀리 나가기 위해 새로운 기술을 도입할 필요성을 느끼고 그를 위한 준비에 착수한다. 세일즈 시장에서 '밸류 업'은 필수적이다. 목적도 방향도 없이 뛰다가 자멸하는 것을 자주 목격했기 때문이다.

내 신용이 대부분의 손님들보다 월등이 좋고 경제 상황이나 가정생활도 안정돼 있어 자부심을 가질 만하지만, 나는 절대 나의 본분이 세일즈란 것을 잊지 않는다. 모든 고객들을 최대한 정중히 대우하고 그들의 선택을 소중히 여기기 위해 노력한다. 내 자랑은 거래에 아무런 도움이 되지 않는다는 것을 항상 명심한다. 내가 세일즈를 한다고 해서 사람들이 내 가치까지 폄하하는 일이 없도록 늘 긴장한다. 나는 세일즈 전쟁터에서 최고의 가치를 발휘하는 한 차원 높은 세일즈맨이고 싶다.

가끔 한국의 방송 프로그램 〈생활의 달인〉을 시청하는데 나는 그들에게서 몇 가지 공통점을 발견했다. 첫째, <생활의 달인>에 출연한 주인공들은 모두 다 긍정적이고 표정이 밝았다. 둘째, 그들 모두가 엄청난 재능의 소유자이며 부단한 노력을 멈추지 않는 성실한 사람들이었다. 대충 일하고 일당을 받아가도 욕할 사람이 없음에도 불구하고 그들은 자신들에게 맡겨진 일을 최고로 해내고자 하는 열정이 있었다. 이는 그들이 모두 성공적인 인생을 사는 데 필요한 자격을 갖췄음을 의미한다.

한때 내 책상 아래에는 1리터짜리 콜라병이 놓여 있었는데, 나는 그 플라스틱 콜라병에 '헝그리 정신 **hungry spirit**'이라고 적어놓았다. 이는 내가 대학 시절 자판기 앞에서 얼마나 그 콜라를 먹고 싶어했는지를 기억하기 위함이었다. 애플의 스티브 잡스도 "늘 갈망하고 우직하게 나아가라Stay hungry, Stay foolish"라고 말한 것을 보면, 그 또한 배고픈 시절을 잊지 않기 위해 노력했다는 생각이 든다. 그는 쉽게 나태함에 빠지지 않았고 56세를 일기로 숨을 거두기 직전까지 세상을 위해 어떤 일을 해야 할지 끊임없이 고민했다. 그는 분명 가치 있는 삶을 살았다.

나는 사실, 어떤 사람들의 재능이 적재적소에만 쓰인다면 잡스보다 더 풍부하고 무궁구진한 가치를 발휘할 수 있다고 믿는다. 특히 사람들을 바른 길로 이끄는 리더들은 회사에 꼭 필요한 사람들이다. 그들은 회사의 위기를 기회로 바꾸는 천부적인 재능이 있다. "위기는 곧 기회입니다"라고 말만 하고 아무것도 하지 않는 사람들이 있다. 그런 사람들은 리더십이 있는 것이 아니라 있는 '척'하는 것일 뿐이다. "나는 직원들의 복지를 최우선으로 삼습니다"라고 말하고 실제로는 아무 조치도 취하지 않는 **CEO**도 마찬가지다.

내가 도시의 중심가 벤츠 판매점에서 처음 일하게 됐을 때, 주차장에는 재고가 잔뜩 쌓여 있었다. 다 새 차인데 왜 저렇게 놓아두냐고 물으니, 동료들이 말하기를 "모델도 곧 바뀌고, 또 몇 달 묵어서 사려는 사람이 별로 없다"는 것이었다. 새로 들어온 내 눈에는 모두 새 차들이

드림 러쉬

고 손님이 싸게 구입할 수 있는 좋은 기회처럼 보이는데, 그들은 손님들이 싫어할 거라는 고정관념에 사로잡혀 아예 판매할 생각을 하지 않았다.

그 차들을 팔면 세일즈맨에게 주어지는 커미션도 컸다. 나는 그들이 갖고 있는 고정관념이 얼마나 잘못된 것이고 세일즈에 해가 되는지 직접 보여주기로 했다. 손님이 오면 나도 먼저 주차장으로 데리고 가서 차들을 보여줬다. 손님들은 저렴한 가격에 좋은 새 차를 구입할 수 있다는 생각에 오히려 적극적인 태도로 거래에 임했다. 주인을 못 찾아 몇 달 동안 주차장에서 잠자고 있었던 벤츠들은 날개 돋힌 듯 팔려 나갔고 그 중 3분의 2는 내가 판매한 것이었다. 1달도 채 안 되어 애물단지였던 차들이 모두 판매되었고, 새 차를 싸게 구입할 수 있다는 소문을 듣고 더 많은 손님들이 찾아왔다.

배려하고 어울려 사는 법

"지위 고하를 막론하고 사회에 그런 리더들이 많으면 많을수록
황금알을 낳는 농장들은 더욱 평화롭게 번창할 것이다.
반면 그런 리더가 없는 농장은 불행한 결말을 맞이할 것이다."

내가 일하던 신생 벤츠 판매점은 동네 주택가에 위치해 있고 방문객이 많지 않은 관계로 인터넷을 통해 손님의 정보를 많이 얻는 편이다. 그런데 판매점에서 모든 인터넷 손님들을 한 사람에게만 계속 밀어주자 가뜩이나 실적이 저조한 다른 세일즈맨들의 원성이 커졌고 급기야는 중간 관리자들에 대한 불신과 실망이 표면화하기 시작했다.

3개월 연속 실적이 저조하자 그 중 불만이 제일 많은 동료들이 그

러한 시스템의 부당함을 지적했다. 분위기가 심상치 않자 사장이 내 의견을 물어보며 중재를 요청했다. 사실 나 또한 실적이 저조했고, 모든 인터넷 세일즈 고객을 한 사람에게만 몰아주는 것은 불공평한 처사라고 생각했다. 더군다나 나는 인터넷의 도움을 받은 적이 거의 없었다. 무엇보다도 간부들에게 실망감을 느껴오던 차에 그런 요청을 받은 것이다.

그러나 나는 다음과 같이 운을 뗐다.

"먼저 우리 회사는 새로운 달이 되면 반드시 실적을 올릴 수 있을 것이라고 생각합니다. 왜냐하면 실적이 저조한 시기가 지나면 어김없이 좋은 성과를 올리는 시기가 찾아왔기 때문입니다. 제가 처음 벤츠 판매점에서 벤츠 세일즈를 시작했을 때, 동료들은 경험 없는 사람을 고용했다며 회사에 불만을 표시했고, 제 예전 매니저는 제게 3개월 동안 방문객들에게 말도 걸지 말라는 지시를 내렸습니다. 그런데 여러분, 저는 둘째 달에 벤츠 20대를 판매해서 그들의 예측이 틀렸다는 것을 증명해 보였습니다. 그때 당시 인터넷 고객은 고사하고 기존의 손님조차 없어서 날마다 허탕을 쳤습니다. 그런데 지금 제게는 셀 수 없을 만큼 많은 손님이 있습니다. 저는 부지런히 연락하고 일거리를 만들려 노력하지 않습니다. 자동차 시장이 잘못된 것입니까? 아니죠. 제가 잘못된 것입니다. 제가 저를 위해 열심히 일하지 않았을 뿐입니다. 우리가 협력해 우리의 영역을 넓히지 못하면 그나마 있는 땅도 남에게 빼앗길 것입니다."

이 같이 말하면서 동료들에게 그동안 내가 터득한 세일즈 기술들을 소개했다. 나의 즉흥적인 프레젠테이션이 끝나자, 처음 회의를 시작할 때의 험악한 분위기는 어느새 화기애애하게 바뀌어 있었다. 내 말을 들은 동료들은 회사에 대한 비난을 멈추고 무엇을 어떻게 해야 할지를 의논했다. 회의가 끝났을 때는 다 함께 박수를 치고 에너지가 넘치는 상태로 자신의 자리로 돌아갔다. 그런데 시스템의 부당함을 앞장서서 지적한 동료가 내게 다가오더니 이렇게 말했다.

"오늘 당신 때문에 모든 일이 틀어졌어요. 따끔한 맛을 보여줄 기회였단 말입니다."

나는 그에게 이렇게 말했다.

"당신이 말하는 '그들'도 결국 '우리'라는 사실을 잊지 말아요."

비록 회사 운영 체제에 심각한 문제가 있다고 느끼기는 했지만 나는 불만 세력이 발전적인 이유에서 회사 시스템의 변화를 요구한다고 생각하지 않았다. 결국 자신들의 더 많은 이득을 위해 사람들을 선동할 뿐이었다. 그리고 그들의 집단행동은 결국 붕괴와 혼란을 초래할 뿐임을 잘 알고 있었다. 그 회의가 있고 난 달을 기점으로 신생 판매점의 매출이 약 200퍼센트 성장해 워싱턴 일대에서 최고의 성적을 거뒀다. 그 후에 우리 판매점은 계속 승승장구했다. 사장은 내게 감사를 표했다.

그러나 시스템의 부당함을 지적했던 그들은 회사를 위해 최선을 다한 나를 경계하기 시작했다. 판매점 담당 사장을 비롯한 중간관리급 사람들은 나의 발언이 가져온 변화를 놀라워하면서도, 그것이 마치 자신들의 공로인 것처럼 행동했다. 그들은 새로 입사한 세일즈맨들은 밀어 주고 반대로 나는 옴짝달싹 못하게 만들었다. 그 첫 번째 조치로, 그동안 계속되었던 내 광고들을 중단시켰다. 또한 내 컴퓨터에 프로그램을 깔아 내 일거수일투족을 관찰했다. 내 실적이 떨어지면 판매점 전체의 실석은 자연히 관리자들의 공이 된다는 계산 하에 내린 조치인 것 같았다. 3개월 연속 판매점 실적은 내리 상승 곡선을 탔지만 내 실적은 반대로 급격히 떨어졌다.

그러나 나는 동요하지 않았다. 오히려 그들이 빼앗아갈 수 없는 리더십 자질을 스스로 평가해볼 수 있는 좋은 기회라고 생각했다. 어떤 이는 내게 "은혜도 모르는 회사를 살려줘서 뭐하냐"고 말했다. 나는 그 사람에게 "저는 언제든 이 판매점을 떠날 수 있고, 다른 판매점에서 새로 이 일을 시작할 수 있습니다. 정 일거리가 없으면 노력해서 만들면 됩니다. 그런데 제가 그렇게 하는 이유는 단 한 번도 내가 가진 능력에 맞는 지위가 주어진 적이 없기 때문입니다. 제게 리더십이 있다고 말하고 다녔지만 그것은 사실 추측에 불과했습니다. 그런데 이번 기회를 통해 내안의 놀라운 리더십을 발견했습니다. 몇 달간의 실적이야 세월이 흐르면 잊혀지지만 긴 시간 동안 분노와 실의에 빠져 있었던 15명의 미국 남성들을 일으켜 세워 단합하게 만든 제 리더십은 평생 저와 함께 할 겁니다. 저는 그것으로 충분합니다"라고 대답했다.

우리는 사람들과 어울려 사는 동안 많은 갈등을 겪는다. 옳고 그름을 떠나 누구에게나 이기적이고 시기하는 마음이 있기 때문이다. 그런 갈등을 잠재우면서 각각의 구성원의 가치를 살려 전진하게 만드는 사람이 바로 리더다. 그런 리더들은 남보다 훌륭한 가치관과 도덕적 기준을 바탕으로 좋은 성과를 거둔다.

지위 고하를 막론하고 사회에 그런 리더들이 많으면 많을수록 황금알을 낳는 농장들은 더욱 평화롭게 번창할 것이다. 반면 그런 리더가 없는 농장은 불행한 결말을 맞이할 것이다. 황금알을 낳는 거위가 아무리 특출해도 그런 살벌한 분위기에서는 건강하게 자랄 수 없으며 결국은 멸종 위기에 놓일 것이다.

　재능이 있는 사람을 발굴하는 것도 중요하지만 그들을 이끌어주고 그들이 재능을 최대한 발휘할 수 있도록 독려하는 사람들이 바로 숨겨진 리더들이다. 그 리더들은 탁월한 재능은 없을지라도 훌륭한 성품으로 많은 사람들을 이끈다. 회사는 바로 그런 리더를 필요로 한다.

좁은 문으로 들어가라

"노력에 비해 많은 것을 얻는 것은 위험하다.
더 얻은 것에 대해 값을 치러야 할 날이 반드시 오기 때문이다.
반면 노력한 것보다 적은 것을 얻는다면 그것은 좋은 징조다.
덜 얻은 것에 대한 보상을 한꺼번에 받을 날이 반드시 오기 때문이다."

중학교 때 주말이면 아버지를 따라 등산을 가곤 했다. 겨울엔 신발에 아이젠을 감고 얼음덩어리가 돼버린 돌층계를 올라갔다. 지리산이나 설악산 같은 큰 산들은 아예 1박 2일이나 2박 3일을 잡고 올라가야 정상에 오를 수 있었다. 쉬지 않고 정상을 향해 올라가다 보면 숨이 턱까지 차올랐고, 왜 이렇듯 힘들게 정상에 올라야 하는가 하는 회의가 들었다. 3분의 2쯤 올라갔을 때 그런 갈등이 극에 달한다. 앞으로도 3분의 1이나 남았다는 부담감과 함께 '정상에 올라간들 뭐하겠는가' 하는 생각이 들면서 다리의 힘이 풀렸다. 그때마다 아버지는 "절대 중도에 포기해서는 안된다"며 용기를 북돋아주셨고, 나는 힘을 내 완주할 수 있었다.

정상에 이르면 산을 오르면서 겪었던 갈등이나 피로움이 상쾌한 바람에 모두 날아갔고, 성취감을 느낄 수 있었다. 산에서 불어오는 바람이 발밑의 나무들을 흔들어 '사각사각' 소리를 낼 때면 그 소리가 마치 나를 향한 박수갈채처럼 느껴졌다. 큰 산의 정상에는 나 같은 어린아이는 하나도 없고 어른들만 있었다. 그때의 기분을 말로 표현하자면 한마디로 "야호~"였다.

그런데 산 정상에서 늘 신기하게 생각한 일이 있다. 어느 산을 가든 정상에 오르면 꼭 그 자리에는 커피와 라면을 파는 사람이 있었다. 남들은 평생 한 번 오를까 말까 한 산을 어떻게 날마다 오를 수 있는지 신기했다. 그들은 비가 오는 날에도 큰 우산을 세워두고 어김없이 장사를 했다. 사람들이 정상에 올라 정취를 만끽할 때 그 아저씨들은 부지런히 돈을 벌었다. 정상에 오른 사람들은 사진을 찍고 상쾌한 공기를 즐기느라 커피나 라면 값이 몹시 비싼데도 돈을 쓰는 데 인색하지 않았다. 오히려 커피 맛이 꿀맛이라며 한 잔을 더 시키면서 즐겁게 웃는다. 돈을 쓰면서 그렇듯 즐거워하는 사람들을 보면서 '나도 저렇게 돈을 벌었으면 좋겠다'는 생각을 했다.

몇 배나 더 높은 마진을 올리기에 산에서 커피나 라면을 파는 사람들은 돈을 쉽게 버는 것처럼 보인다. 하지만 무거운 짐을 지고 가파른 산을 오르는 것은 결코 쉬운 일이 아니다. 그렇듯 어렵게 돈을 버는 이들에게는 경쟁자도 없을 뿐더러 단골 고객을 상대로 많은 돈을 벌 수 있다. 그야말로 완벽한 '블루오션'이다.

그뿐이 아니다. 투자한 것이 없으니 잃을 일도 없어 비즈니스 노하우는 계속 쌓이지만, 남들처럼 상점 주인에게 가게를 빼앗길까 전전긍긍할 필요도 없다. 남들이 상상조차 하지 못하는 분야에서 일하면 이 같은 특혜들을 누릴 수 있다.

예나 지금이나 변하지 않는 한 가지 진리가 있다. 그리고 그 진리를 제대로 이해하기만 하면 블루오션을 헤엄치며 성공을 즐길 수 있다. 성공하려면, 그리고 그 성공을 오랫동안 유지하려면 어렵고 힘든 일을 선택해야 한다. 현대 사회는 사람들에게 쉽게 돈을 벌 수 있는 방법이 있다는 환상을 심어준다. 발달된 통신 기술이나 인터넷을 통해 더 간편하고 더 폭넓게 비즈니스를 할 수 있는데, 일부러 힘든 일을 하는 사람들은 비웃음의 대상이 된다.

예수님은 이 진리의 비밀을 우리에게 이미 오래전에 알려주셨다. 그분은 '좁은 문'으로 들어가라고 하신다. 그리고 '좁은 길'로 가라고 말씀하신다. 그 이유를 "그 길은 작고 협착하여 찾는 이가 적음"이라고 말씀하셨다. 언뜻 보면 신앙에만 적용되는 말씀 같지만 거기에는 '성공적인 인생의 비밀'이 담겨 있다. 이러한 진리는 현대 사회에서 더욱 빛을 발한다.

어떤 이들은 "그런 일은 없다"고 일축하면서 "돈 많은 부모를 둔 자녀가 공부도 잘한다", "고생할 필요 없다. 어차피 되는 놈은 되고 안 되는 놈은 안 된다", "부모복 없는 사람은 자식복도 없다" 등과 같은 말을 한다. 그리고 그런 말들을 듣다 보면 가뜩이나 자포자기하고 싶은 사람들은 더 기대할 것이 없다는 패배감을 느끼게 된다. 이렇게 되면 실질적인 문제들이 해결되지 않은 채 인생이 흘러간다. 인생의 황혼기에는 결국 이래저래 후회만 가득한 인생이 된다. '힘들더라도 좀 더 해볼걸 그랬어' 내지는 '어차피 후회만 가득한 인생인데 왜 그렇게 몸을 사렸는지 몰라'와 같은 미련이 남는다.

한 영국 청년이 20세에 로또에 당첨되어 171억 원 정도 되는 돈을 벌었다. 청소부로 일하며 힘들게 생활하다가 갑자기 큰돈이 생기자 그는 방탕한 삶을 살기 시작했고 급기야는 폭행과 음주운전으로 교도소에도 출입하게 됐다. 날씬했던 몸도 140킬로그램이 넘는 거구가 되었고 9년 만에 갑부에서 노숙자로 전락해 자살 시도까지 했다. 이 청년이 만약 청소부 일을 열심히 하다가 사업을 시작해 많은 돈을 벌었다면 그같이 방탕한 삶을 살지 않았을 것이다.

노력에 비해 많은 것을 얻는 것은 위험하다. 더 얻은 것에 대해 값을 치러야 할 날이 반드시 오기 때문이다. 반면 노력한 것보다 적은 것을 얻는다면 그것은 좋은 징조다. 덜 얻은 것에 대한 보상을 한꺼번에 받을 날이 반드시 오기 때문이다.

나는 고등학교 시절, 대학에 가기 위해 새벽 2시까지 공부하고 다시 새벽 5시에 일어나 조깅을 하면서 내가 희망하는 대학의 이름을 주문처럼 외웠다. 그런데도 불구하고 나는 대학에 떨어졌다. 3시간만 자면서 인간의 한계를 넘으며 공부했는데 그런 결과가 나왔다.

나는 먼저 실패한 스스로를 용서할 수가 없었다. 다음으로 과외 한

번 받지 않고 미련스럽게 공부한 것이 한스러웠다. 요령이 있었더라면 좀 더 쉽게 원하는 것을 얻을 수 있었을지 모른다는 생각이 들었다. 한국 대학에 떨어지는 바람에 미국에서 대학을 다니게 되었다. 그런데 한국에서 공부하던 식으로 미국에서 공부하니 모든 것이 자연스럽게 해결됐고, 처음에 그토록 서툴었던 영어로 3년 반만에 정치학과를 우등생으로 졸업할 수 있었다. 결과만을 놓고 본다면 다른 목적을 이루고자 노력했던 것이 엉뚱한 데서 결실을 얻은 것이다.

결혼 역시 힘들게 했다. 남편은 만난 지 100일 만에 교회에서 반지를 건네며 청혼했고 나는 그러겠다고 대답했다. 그 후 4년 만에 결혼했다. 남편과 나는 동갑에다가 둘 다 청년기에 미국에 와서 같은 대학을 다녔다. 미국에 살고 있는 시댁에서는 허락을 받았지만 친정 부모님의 승낙을 얻느라 4년이란 시간이 흘렀다. 그 4년간 남편과 나는 많이 다투었고 쉽게 헤어질 뻔도 하면서 힘든 시기를 보냈다. 그런 시간들이 결혼생활에 시련이 찾아올 때마다 무사히 넘기는 데 도움이 되지 않았나 하는 생각이 든다. 남편과 내가 아무런 어려움 없이 금방 결혼에 골인했다면 여러 가지 어려움을 견디지 못하고 헤어졌을 수도 있다.

어려운 길, 먼 길, 좁은 길은 가는 이는 많지 않고 그 과정도 힘들지만 대신 우리를 속이는 법이 없다. 나는 세일즈에도 늘 이와 같은 원리를 적용한다. 남편이 일을 하니 나는 세일즈를 그만두고 아이들과 함께 글을 쓰며 좀 더 편안하게 살 수도 있다. 그러나 나는 힘들더라도 젊을 때 더 먼 길을 가고 싶다. 세일즈를 하면서 평생 숫자 게임이나 하다가 늙어 갈 수는 없다. 글을 써서 다른 사람의 삶을 윤택하게 하는 데 기여하기로 결심했고, 남들이 놀 때 일하기로 마음먹었다. 그리고 좀 더 노력한 것은 언젠가 더 큰 이윤과 보람으로 내게 돌아올 것이다.

신데렐라가 되고 난 뒤

"뜻밖의 기회가 주어졌을 때, 힘들게 노력해온 사람은
어떤 난관이 있어도 쉽게 포기하지 않는다.
그를 위해 충분한 대가를 치렀다는 당당함 때문이다."

가끔 남편과 한국 영화를 보는데 최근에 본 영화는 대학을 갓 졸업한 젊은 여성의 커리어와 우정에 관한 내용이었다. 대학을 졸업할 당시에는 다 엇비슷해 보였는데, 그들 중 제일 '날라리'였던 친구가 초고속으로 스타덤에 오르면서 다른 친구들이 겪는 좌절감을 잘 표현한 영화였다.

주인공의 고등학교 동창 중 하나는, 성실히, 그리고 열심히 꿈을 좇으며 살았지만 기회를 얻지 못하자 현실을 비관해 자살한다. 그녀의 죽음으로 인해 그녀들의 충격은 더욱 커진다. 된장녀 '날라리'는 초고속으로 성공하고, '찌질이 성실파'는 낙오자가 되는 현실을 어떻게 받아들여야 할지 힘겨워한다. 이러한 부조리는 어찌 보면 우리가 사는 사회의 보편적인 문제가 아닐까 한다.

그들 중 한 사람이 주인공에게 이런 말을 한다.

"제일 문제는 너야. 너는 미모도 그쯤이면 괜찮고, 집안도 그쯤이면 나쁘지 않아. 그런데 집안도 학벌도 얼굴도 다 쯤, 쯤, 쯤이야. 아무것도 눈에 띄게 잘난 게 없잖아."

이 말은 역시 '쯤 쯤 쯤'의 인생을 살고 있는 우리 모두에게 해당되는 말이라 생각한다.

신혼 초 내가 직장문제로 고민할 때 한국에서 잘나가는 친구가 미국 출장을 온 김에 우리집을 방문했다. 그 친구는 고등학교 때 반장도 하고 다방면에 재능이 있었다. 친구를 위해 남편과 나는 집에서 스파게티를 준비했다. 나는 임신 중이었고, 남편은 나를 도와 음식을 만들고 열심히 집안일을 했다.

그런데 부엌에서 알콩달콩 음식을 만드는 우리 부부의 모습을 물끄러미 바라보던 친구가 대뜸 "Arrow, 너는 절대 한국으로 돌아올 생각하지 마라. 한국 젊은이들은 아무리 날고뛰어도 부모가 돈이 없으면 셋방살이부터 시작해야 해"라고 말했다. 그 친구는 아마도 미국의 융자 시스템을 잘 알지 못해, 우리가 부모덕을 본 줄로 착각한 것 같다. 그 친구가 한국을 비판하면서 "미국은 살기가 매우 쉬운 곳이어서, 사람들이 모두 다 잘산다"는 식으로 말하는 바람에 그 친구와의 만남은 그리 유쾌하지 못하게 끝났다. 그 친구의 눈에는, 직장생활을 하지 않고도 예쁜 3층집에 신혼살림을 차린 내가 '거저' 살고 있는 것처럼 생각되었나 보다.

앞서 말한 영화를 보고 혹은 다른 사람의 이야기를 대충 듣고는 '신데렐라' 스토리가 남들의 삶에서만 현실이 된다고 불평하는 사람들에게 말해주고 싶은 것이 있다. 이 세상에는 분명 '신데렐라' 스토리가 존재한다. 그런데 그 신데렐라는 다른 언니들이 놀러 다닐 때, 허드렛일을 해야 했다. 아버지의 유산이 모두 계모의 손으로 넘어가고, 계모에게서 끊임없이 학대를 당해야 했다. 초자연적인 방법으로 나타난 신비로운 할머니는 바로, '불쌍하게 남겨진 그녀를 돕고 싶은 그녀 어머니의 영혼이 아니었을까' 하는 생각을 해본다.

뜻밖의 기회가 주어졌을 때, 힘들게 노력해온 사람은 어떤 난관이 있어도 쉽게 포기하지 않는다. 그를 위해 충분한 대가를 치렀다는 당당함 때문이다. 그런데 보통 사람은 신데렐라 스토리와 같은 행운이 찾아와도 12시가 넘으면 자신의 모습으로 돌아가야 한다는 불안감 때문에 쉽게 기회를 포기한다.

나는 결혼 전에 잠시 한국의 KBS 방송국에서 일한 적이 있다. 어느 작은 위성 방송국에 제출한 이력서가 어찌된 영문인지 돌고 돌아 한국의 대표격인 방송국의 9시 뉴스팀에까지 들어가, 나는 면접을 보고 방송국의 국제부 직원으로 일하게 됐다. 부모님 통장으로 바로 들어가버리는 바람에 자세히 알 수는 없지만, 어머니 말씀에 따르면 월급이 상당했다고 한다. 그야말로 내 인생 최고의 기회가 찾아온 것이다. 더군다나 직속 상사는 일한 지 몇 달 밖에 되지 않는 나를 그 방송국의 MC로 키우자는 말이 오가고 있다고 귀띔해줬다.

여러 정황을 볼 때 내게 분명 '신데렐라' 사건이 일어날 수 있는 절호의 기회였다. 그런데 어처구니없게도 나는 '진로 문제'를 핑계로 미국으로 돌아왔다. "재능이 있으니 회사를 그만두지 말라"는 부장님의 만류를 뒤로하고, 나는 "미국에서 더 공부해 온전한 실력을 쌓아오겠다"고 말하고 회사를 그만뒀다. 나는 지금도 그것이 내 일생일대의 실수라고 생각한다.

그 때 내가 도망친 진짜 이유는, 국제보도국에 들어오는 **CNN**, **BBC**, **NBC** 등의 국제 뉴스를 통역하는 일을 제대로 해내지 못할까봐 두려웠기 때문이다. 나는 무엇이든 대충 하는 것은 질색인데, 당시 중동 전쟁이 발발하는 바람에 전쟁 상황을 다룬 기사들이 연일 보도되는 등 국제부의 비중은 점점 커지게 됐다. 중동 지방의 처음 들어보는 지형과 인물 이름 등이 몹시 헷갈려서 통역을 잘하고 있는지 분간이 가지 않았다.

한번은 보도국 기자가 우물쭈물 설명하는 내게 다급하게 물었다. "그래서 도대체 지금 중동 지역에 대한 공격 재발 가능성이 있다는 거야, 없다는 거야?"

나는 둘 중 한 가지를 눈치껏 때려잡아야 했다. 어처구니없게도 "2차 공격 재발 가능성이 있다는데요" 하고 대답해버렸다. 그랬더니 보도국 기자들이 하나같이 확신에 찬 어조로 '2차 공격 재발 가능성'을 9시

뉴스에서 긴박하게 보도했고, 나는 내가 저지른 일이 여과 없이 국민들에게 전해졌다는 사실에 멍해지고 말았다. 솔직히 말해 그때같이 다른 나라에서 전쟁이 일어나기를 간절히 바란 적은 없었다. 불행인지 다행인지 다음 날 2차 공격이 시작되어 겨우 체면을 세울 수가 있었다.

내가 좋은 직장을 그만둔 진짜 이유는, 그 행운을 진정한 내 것으로 만들 수 있을 만큼 내게 충분한 자격이 있다고 생각하지 않았기 때문이다. 자신감이 모자랐던 것이다. 그리고 천사들이 주위 사람들을 통해 내게 전한 "네 능력이라면 자격이 있을 뿐더러 더 훌륭한 사람이 될 것이다"라는 메시지를 무시했기 때문이다. '아깝다'고 생각하면서도 그런 기회를 걷어차버린 나는 실력의 중요성을 뼈저리게 느꼈다.

당신에게 혹시라도 그 같은 행운이 주어진다면 그 자리에 있을 만한 충분한 자격이 있으니 절대 포기하지 마라. 대신 부지런히 실력을 쌓아라. 남의 행운을 부러워하는 대신 그 시간에 부지런히 보이지 않는 실력을 닦는다면, 기회가 왔을 때 당황하지 않고 자신 있게 그를 자기 것으로 만들 수 있다.

기회는 반드시 정당한 보상과 함께 찾아온다. 보상도 하지 않으면서 미래에 어떤 것을 약속하며 당신의 재능을 요구하는 이들은 무조건

의심하고 경계해야 한다. 어떤 사람들은 당신의 재능을 공짜로 이용하려 한다. 정치적인 이유를 내세우면서 정당 활동을 도와달라거나, 관련 업계에서 인턴을 하다보면 일자리를 얻을 수 있다거나, 종교적인 봉사 활동을 부지런히 하다 보면 교단의 큰 인물이 된다거나, 누구와 교제하면 큰 자리가 생길 것이라는 달콤한 유혹을 하는 이들은 대부분 '신데렐라'를 꿈꾸는 젊은이들을 현혹해 이득을 챙기려는 사람들이다.

미국에서는 정말 교묘하게도 인건비를 지불하지 않고 사람을 쓰는 경우가 종종 있다. 영주권을 내주겠다는 말로 외국인들을 꼬드겨 일을 시키고는 월급을 주지 않는 사장들도 수두룩하다. 나는 처음부터 영주권이 있었고 나중에 미국 시민권을 취득해, 비자문제로 고생해본 적은 없지만, 내 주위에서 많은 사람이 신분 문제가 해결되지 않아 고생하는 것을 지켜보았다.

나는 정치학과를 나왔기 때문에 정치나 사람들 일에 관심이 많지만, 이런저런 실속 없는 모임은 경계하는 편이다. 한번은 여자들로 구성된 미국 정부 인사들과 경제인들의 모임에 나간 적이 있는데, 역시나 실속 없는 수다 모임에 지나지 않았다. 엄청난 직책에 있는 사람들이라

대하기 힘들 것 같지만 만나보면 결국 모두들 비슷한 사람들이다. 무엇인가 특별해서 그 자리에 올랐다기보다는 열심히 한 우물을 파다보니 '신데렐라'가 된 사람들이 대부분이다. 화려한 보습 이면에는 '자신의 부족한 부분이 드러날까 전전긍긍하는 속마음'이 존재한다.

어느 직책에 오르거나 어느 직장에 들어가는 것보다 더 중요한 것은 '그 직분을 얻은 다음에 어떻게 일하는가'다. 바로 이 부분에서 실력의 유무가 드러나기 때문이다. '신데렐라가 예전 모습으로 돌아가느냐' 아니면 '왕비가 되어 나라를 다스리느냐'도 '이후 무엇을 어떻게 하느냐'에 달려 있다. 그런 자리가 요구하는 실력과 재능에 대한 유무가 그 사람의 앞날을 예고한다.

편법을 동원해서라도 기회만 잡는다면 모든 일이 순조로우리라는 생각은 재앙을 초래할 뿐이다. 결국 실력과 함께 편법을 쓴 사실까지 드러나기 때문이다. 그런 점에서 세상은 매우 공평한 것 같다. 실력 없는 '신데렐라'를 곱게 보지 않는 대중들로 인해 그동안 누려온 행복 이상으로 나중에는 고통을 겪게 되는 것이다.

이 모든 이유로 인해 천천히, 그리고 좌절을 겪을 만큼 겪고 힘들고 어렵게 성공을 이루어내는 것이 바람직하다. 할 수만 있다면 나처럼 아무도 거들떠보지 않는 세일즈부터 시작해 기본부터 착실히 닦아가는 것도 괜찮은 방법이다. 도심지 번화가의 잘나가는 벤츠 판매점을 그만두고 워싱턴디시 외곽의 구석진 곳에 새로 생긴 판매점에서 세일즈를 시작하는 어리석어 보이는 일도 한번쯤 시도해볼 만하다. 진정한 실력을 쌓는데는 그보다 좋은 방법은 없기 때문이다.

좌절을 겪으면서 실력을 쌓은 사람을 이기기는 쉽지 않다. 그런 사람은 쉽게 꺾이지 않을 뿐더러 포기하지도 않는다. 누가 무언가를 끄집어내 흠잡으려 해도 워낙 바닥에서부터 힘들게 올라온 사람이라 무시할 수도 없다. 게다가 훌륭한 인품까지 겸비하면 '신데렐라 중의 신데렐라'가 될 자격이 충분하다. 기회가 없다고 좌절하는 것만큼 안타까운 일이 또 있을까? 위대한 사람들이 어떤 역경을 뚫고 어떤 업적을 이뤘는지 알게 된다면 그 앞에서 스스로의 진로를 결정하지 못하는 당신의 고민은 작아질 것이다.

중요한 사실은 '신데렐라'를 꿈꾸는 당신이 혹시 잘못된 방향으로 자신의 진로를 결정한 것은 아닌지 살펴야 한다는 점이다. 정말 자신이 믿고 있는 재능이 다른 사람의 눈에도 그렇게 보이는지 확인해야 한다.

특출한 재능이 있다면 다른 사람에게 이미 발견됐을 것이고, 거기에서 모든 이익이 그쪽에서 발생해야 한다.

만약 누군가가 다가와서 '네게 재능이 있으므로 네가 돈이나 다른 무엇을 준다면 내가 그 재능을 키워주겠다'라고 한다면 그 말은 '나는 솔직히 말해 네가 재능이 없다고 생각한다. 나는 네게 다른 무엇인가를 바란다'는 의미다. 그런 사람들 또한 경계하면서, 당신이 사랑하는 사람들이 당신에게 하는 말에 귀를 기울여야 한다.

살면서 듣고 싶은 것만 듣고, 보고 싶은 것만 보는 사람은 발전 가능성이 희박하다. 때론 아프더라도 남의 실력을 인정하고, 냉정한 눈으로 자신의 위치를 살펴야 한다. 개인적인 평가는 때로 매우 주관적이기 때문에 신빙성이 떨어질 수 있다. 반면에 대중의 평가는 날카롭고 정확하다.

가령 글쓰기에는 정말 재능이 없는데 글을 쓰고 싶은 사람이 있다고 치자. 그 사람이 글 쓰는 것을 주업으로 한다면 가난을 각오해야만 한다. 모두가 아니라고 하는데 억지로 그 길을 간다면 좌절만이 기다리고 있을 뿐이다. 그런데 모든 악조건에도 불구하고 자신에게 정말 재능이 있다면 상황은 달라진다. 《해리 포터》 시리즈를 쓴 조앤 롤링

Joanne Rolling 처럼 이혼하고 가난에 찌들어 살아가면서 잠든 아기를 옆에 두고 신들린 듯 써내려간 글이 세계적인 반향을 불러일으키는 경우도 있다. 그녀도 숱한 출판사들로부터 책의 출간을 거절당했다. 그녀에게는 분명 재능이 있었다. 다만 기회가 주어지지 않았을 뿐이다. 그 일을 좋아할 뿐 아니라 잘하고 빨리 해내고 남들도 모두 '능력이 있다'고 인정해준다면 시작은 힘들어도 가능성이 있다.

단 한 번의 기회로 일확천금을 얻었다거나 한 장의 사진으로 일약 스타덤에 올랐다는 것은 기회가 주어졌다는 것, 그 이상도 이하도 아니다. 그런 사람들은 숱하게 나타났다 사라진다. 그런데 하루하루 돌에 조그만 물방울을 떨어뜨리듯 노력하는 삶은 결과가 다르다. 그런 물방울이 결국 돌을 뚫는다는 사실은 신비롭기까지 하다. 그 조그맣게 보이는 노력이 인류의 역사를 바꿔놓는다.

내 인생의 주인공이 바로 '나'임을 깨닫지 못하는 많은 사람은 허황된 상상을 하면서 남을 부러워한다. 드라마 **PD**가 주인공에게 연기를 시작하라는 사인을 보내 모든 사람이 숨죽이며 주인공을 바라보고 있는데, 정작 주인공은 자신의 드라마가 시작된 줄도 모르고 다른 연기자를 바라보며 멀뚱멀뚱 서 있는 광경을 상상해보라. 하나님께서 우리 각자에게 흥미진진한 인생을 주셨는데 왜 시작도 해보지 않고 남의 인생을 모방하려 하는가? 주인공은 설사 자신의 인생이 밑바닥 인생일지라도 개성 있고 멋있게 연기해야 한다. 너무 열심히 연기해서 그를 보는 많은 사람의 가슴이 찡해질 정도로 말이다.

한국에서 놀러온 내 친구의 말처럼, 그리고 앞서 말한 영화 주인공들의 이야기처럼 한국 사회에는 정말 불공평해 보이는 것 투성이다. 그런데 그들이 기회가 없다고 말하는 그 한국 땅이, 내가 떠나온 바로 그 조국이, 내게는 기회의 땅이요, 진화의 길로 보인다. 숱하게 좌절했기 때문에 성공할 가능성이 많고, 많은 슬픔이 있었기에 더욱 기적 같은 일들이 일어나는 것이다. 좁은 땅덩이에서 열심히 살길을 모색하고 몸부림치고 필사적으로 노력하면서 스스로를 최고로 만들려는 노력은 독특한 삶의 빛깔을 만들어낸다. 먼 타국에서 바라본 내 조국은 늘 아름다웠고 난 한국인임이 자랑스럽다.

너의 가치는
벤츠보다 비싸다

"기억해야 할 것은 나를 위해 일하는 것이지 절대 남을 위해 일하는 것이 아니라는 사실이다. 회사는 내가 없어도 그럭저럭 굴러갈 것이며, 손님들도 다른 사람을 찾아갈 것이다. 나는 내 삶을 더욱 풍요롭고 보람있게 가꾸기 위해 일하는 것이다."

세일즈 강사 혹은 세일즈와 마케팅 분야를 다룬 책들은 '세일즈 동기 부여', '스스로의 상품화', '사고 전환', '체계적 영업 전략', '영업의 극대화', '세일즈 협상법'이라는 말을 자주 사용한다. 이는 우리가 일상생활에서 잘 쓰지 않는 용어들이다. 나는 이와 같은 세일즈 교육을 받은 사람들과 받지 않은 사람들 간에 차이가 거의 없다고 생각한다. 이는 다른말로 하면 그런 교육들이 세일즈를 하는 데 별로 도움이 되지 않는다는 뜻도 되고, 다른 한편으로는 세일즈 능력은 선천적으로 타고나는 것이라는 의미도 될 수 있다.

미국의 한 보험회사에 전무후무한 세일즈 실적을 거둔 사람이 있었는데, 그는 이 집 저 집 찾아다니며 계란을 파는 전직 계란 장수였다. 초등학교 교육도 제대로 받지 못한 그가 어느 해에는 미국 전체 보험 판매량의 절반에 해당하는 대기록을 세웠다고 한다. 물론 몇십 년 전 이야기지만, 중요한 것은 그가 세일즈 교육을 전혀 받지 않았음에도 선천적인 세일즈 능력을 바탕으로 그 같은 실적을 거뒀다는 것이다.

세일즈를 하려면 말을 잘해야 한다는 고정관념을 깨고, 말 재주가 없었던 그는 수상소감마저 커튼 뒤에서 마이크를 잡고 겨우 말했다고 한다. 교육도 제대로 받지 못했고, 말주변도 없고 변변한 세일즈 경력조차 없는 그가 어떻게 엄청난 실적을 올릴 수 있었을까? 사람들은 그의 어떤 면을 보고 선뜻 보험상품을 구입했을까? 눈에 보이는 물건들은 '제품이 제품을 판매하는' 부분이 있지만 보험상품과 같이 눈에 보이지 않는 상품들은 세일즈맨 말만 믿고 구입하기 마련이다.

나는 세일즈에 관한 책을 쓰기로 결심했을 때부터 이처럼 체계적인 교육이 불가능한 부분을 집중적으로 다루고 싶었다. 그렇다고 세일즈 방법들을 소개하는 책들이 가치가 없다는 이야기는 아니다. 물론 체계적인 세일즈는 일의 능률을 높인다. 그러나 세일즈와 인간성, 그리고 개인의 세일즈 재능은 빼놓을 수 없는 중요한 주제들이다.

세일즈라는 일 자체가 조직이나 기업 혹은 국가가 투자할 만한 가치가 있는가 하는 근본적인 문제부터 짚고 넘어갈 필요가 있다. 기업이나 국가는 에너지, 과학, 기술, 농업, 경영, 예체능, 인문과학, 정보, 통신 등 거의 모든 분야에 투자한다. 단지 수요와 공급의 원리 때문이 아니라, 미래를 대비하는 선진 산업이라는 가치를 갖고 있기 때문이다.

그런데 세일즈는 유일하게 인류 역사상 가장 오랫동안 이어져온 일이고, 또 그로 인해 국가적인 부의 축적이 좌우됨에도 불구하고 거의 개인적인 수준의 경험론적 연구밖에 이뤄지지 않았다. 실크로드와 같은 국제적인 거래를 주관하던 상인들이나, 개성상인들과 같은 한국의 유명한 세일즈맨들의 이야기조차 제대로 기록되지 못하고 구전되는 수준에 머무르는 것은 실로 안타까운 일이다.

세일즈 분야의 굵직한 정신적 멘토가 없이 그저 눈앞의 실적에 급급하다 보니, 어중이떠중이들이 다 세일즈를 한다고 나서면서 업계가 혼란스러워지고 편법이 성행하게 되어, 일반 사람들은 '세일즈' 하면 몸부터 사리게 됐다. 특히 세일즈에 마음먹고 뛰어든 사람들에게 감당하지 못할 물건들을 사재기하도록 만드는 다단계 세일즈를 주의해야 한다.

한국에서는 세일즈맨을 보통 '영업자'라 부르는 것으로 알고 있다. 이들은 특별한 교육을 받지 않고 바로 비즈니스에 투입될 수 있는 비전문직으로 분류된다. 그만큼 그만두는 비율이 높은 직종이기도 하다. 그들은 일정한 수입을 보장받지 못하고 단기적인 영업 활동에 대한 커미션만을 받는다. 회사들은 보통 영업사원들 개개인의 실적에 따른 생산가치를 환산해 '선이익 후지불' 방식을 적용한다. 영업사원 때문에 회사가 손실을 입는 일이 발생하기 전에는 영업자가 해고당하는 경우는 거의 없다.

나는 세일즈를 비누에 비유하고자 한다. 회사는 물이고 세일즈는 비누이며 손님은 거품이다. 기름 묻은 손을 물로만 씻으면 아무리 문질러도 때가 빠지지 않고 물만 낭비하게 된다. 그런데 비누를 사용하면 때를 깨끗이 닦아줄 뿐만 아니라 물의 낭비도 막는다. 왜냐하면 비누는 거품을 만들어 때를 제거하기 때문이다. 손을 씻는 데 꼭 비누를 써야 하냐고 묻는다면 그것이 세척 효과를 높여준다고 답하겠다. 근본적으로 완전히 새로운 것을 만들어내지는 않지만, 비누를 사용함으로써 효과를 높일 수 있다. 거품이 많이 나는 고급 비누일수록 세척 효과가 좋다. 비누가 없으면 거품도 나지 않는다. 마찬가지로 세일즈맨이 없으면 손님도 창출되지 않는다.

백화점의 상품들은 모두 그것을 만든 회사 세일즈맨의 손을 거쳐 진열된다. 많이 팔리면 그만큼 그 물건을 진열한 세일즈맨에 더 많은 수입이 생긴다. 세일즈맨 없이 어떻게 물건을 판매할 수 있겠는가? 가내수공업을 하여 장인이 직접 옆집 사람에게 물건을 파는 것도 세일즈의 일종이다. 요즘은 홈쇼핑 문화가 발달돼 있는데, 물건을 보여주며 설명하는 진행자 또한 시청자들에게 세일즈를 하고 있는 것이다. 모든 이익은 세일즈를 통해 창출되고, 물건의 가치도 또한 세일즈를 통해 매겨지는 것이다. 이같이 세일즈는 모든 경제 활동의 기본이다.

취업의 문이 활짝 열려 있음에도 불구하고 왜 사람들은 영업직을 기피할까? 가장 큰 이유는, 세일즈를 하면 회사로부터 실컷 이용만 당하다가 쫓겨난다는 선입견 때문이다. 실제로 보험업계에서는 신입사원들이 부모 형제들에게 보험을 팔아 커미션을 챙기고는 바로 회사를 그만두는 경우가 많다고 한다. 그래서 회사도 **1**년 동안 커미션을 지급하지 않고 기다리다가, 1년 후에도 고객들이 계속 가입돼 있는 경우에만 커미션을 지급한다고 한다.

두 번째 이유는, 아무리 세일즈를 오래 해도 그에 대한 전문성을 인정해주지 않는 사회 풍토 때문이다. 학력이 낮아도, 아는 것이 없어도, 할 수 있는 쉬운 일이 바로 세일즈라는 인식은 쉽게 바뀌지 않는다.

세 번째 이유는, 고정적이지 않은 수입 때문이다. 사람들은 누구나 어느 정도의 수입이 보장돼 있어야 생계를 유지할 수 있다. 불안정하고 낮은 소득과 소속감의 결여, 그리고 저조한 실적은 누구도 원치 않는다. 세일즈에 임할 때는, 실적이 좋을 때만을 생각하며 그것으로 위안으로 삼기 보다는, 그런 부정적인 면들이 세일즈를 할 때 늘 나타날 수 있음을 매사에 준비하면서 낙천적인 태도로 일해야 한다.

세일즈는 재능이고 체질이다. 이와 같은 세일즈의 특성, 즉 정형화 할 수 없는 업무의 성실성, 또 이를 반복적으로 이행하고 추진할 때 찾을 수 있는 규칙성, 이 두 가지 모두를 갖추고 내 스스로 일거리를 창출하면서 일을 즐겨야 한다.

세일즈를 시작하는 사람과 이미 세일즈를 하고 있는 사람, 그리고 앞으로 세일즈를 하고자 하는 사람들에게 꼭 해주고 싶은 조언은 단순히 돈을 벌기 위해 세일즈를 선택해서는 안 된다는 것이다. 실적이 좋다는 것은 돈을 많이 번다는 뜻이다. 그 실적이 회사 내에서 자신의 존재 가치가 되어버리면, 실적이 저조할 때마다 자신이 쓸모없어졌다는 생각이 들기 마련이다. 실적에 연연하기보다는 자신의 성실하고 창조적인 서비스로 인해, 많은 사람이 혜택을 받는다는 기쁨과 보람을 얻기 위해 일하기 바란다.

사람은 누구나 자신의 재능을 발휘하고 열정을 불태우며 일하기를 원하지만, 실제로는 돈을 기준으로 직업을 선택하는 경우가 많다. 세일즈가 힘든 이유는 수입을 결정하는 실적에 대한 압박과, 끊임없이 경쟁을 부추기는 사회 분위기 때문이다. 스트레스가 가중되면 삶이 고달파지고 부정적으로 생각하게 된다.

그럴 때마다 기억해야 할 것은 나를 위해 일하는 것이지 절대 남을 위해 일하는 것이 아니라는 사실이다. 회사는 내가 없어도 그럭저럭 굴러갈 것이며, 손님들도 다른 사람을 찾아갈 것이다. 나는 내 삶을 더욱 풍요롭고 보람 있게 가꾸기 위해 일하는 것이다. 회사는 나보다 더 유능한 인재를 찾을 수 있고, 나 또한 나의 진가를 알아봐주는 회사로 옮길 수도 있다. 그때를 대비해 나는 경제적으로나 심리적으로 언제든 떠날 수 있는 만반의 준비를 해놓는다.

나는 앞으로 일을 통해서 필요 이상으로 많은 수입을 얻게될 경우, 어떻게 쓸지에 대해서도 생각해보았다. 2009년부터 고아원을 설립하고 싶다는 꿈을 갖게 됐고, 그 꿈은 지금까지 진행형이다. 또한 돈이 내 삶을 좌지우지하지 않도록 마음을 단련시켰다. 내가 상대하지 말아야 할 20퍼센트의 손님을 어떻게 점잖게 거절할지도 연습했다. 그들이 혹시 내게 세일즈를 부탁해도 상대하지 않을 것이다. 또한 가정적으로 혹은 자기계발을 위해 시간이 필요하면 세일즈의 속도를 줄이고 내 삶의 우선순위를 지키기로 했다. 만약 내가 실적과 돈에만 연연했다면 이런 훈련을 하지 않았을 것이다. 그러나 나는 이런 훈련을 해냈고, 그로 인해 나는 넉넉하고 여유로운, 실적을 초월한 세일즈를 즐길 수 있었다.

2004년에 벌써 나는 세일즈업계의 전설이 되었지만 내 진짜 전설은 아직 시작되지도 않았다. 나는 많은 사람이 더욱 가치 있는 선택을 할 수 있도록 돕는, 더욱 위대한 세일즈를 꿈꾸고 있다. 서로 할퀴고 물어뜯고 깎아내리는 험한 세상에서, 사람들에게 인간의 위대함과 가치를 일깨우기 위해 노력할 것이다. 삶에 지친 사람들에게 그들의 재능과 유일성을 알려줄 것이다.

나는 사람들에게 '꿈을 파는 세일즈맨'으로 소개되기를 원한다. 내가 당신에게 판 그 꿈으로 당신의 삶이 아름다워지길 원한다. 당신의 꿈, 그리고 당신의 전설은 조심스레 문을 열고 기다리고 있다. 왜 머뭇거리는가, 주저 말고 다가가라. 당신이 꿈꾸던 그 세계로.

조금 더 다가가면
문이 열린다

혹자가 "꿈은 이루어진다"고 말했다. 나는 이 말처럼 무책임한 말은 없다고 생각한다. 주위를 둘러보라. '꿈 따로 현실 따로'인 삶을 사는 사람이 대부분이다. 어느 프로그램에 출연한 가수가, 음악적 재능이 남달랐던 아버지가 가족들의 생계를 위해 다른 일만 하다 돌아가셨다면서 눈물을 글썽이는 것을 보았다. 많은 아버지, 어머니는 가족의 생계란 무거운 짐 앞에서 자신의 꿈을 내려놓는다.

세일즈에 대한 글을 쓰면서 지나온 날들을 돌아봤다. 매일매일이 전쟁 같은 삶을, 계절이 바뀌어도 굳건히 생명을 지키는 자연처럼 '살아야겠다'는 굳은 의지로 견뎌냈다. 그리고 그 생명력은 내 모든 꿈의 원동력이 되었다.

사실 이 책은 나의 첫 책이 아니다. 20년 전, 둘째아이를 임신하고 글을 쓰기 시작해 십년 넘게 정성껏 책 한 권을 완성했다. 내가 쓴 글을 직접 한국에 가져가 출판사 문을 두드렸다. 신앙과 삶에 대한 내용이 담긴 책이었는데, 이 책을 출판하고 싶다는 내 꿈은 무참히 깨지고 말았다. 출판사들은 내가 '기독교계의 유명한 사람이 아니라서 인지도가 없으므로' 내 글을 출판 할 수 없다고 말했다. 또한 내가 국문학도도 아니고 전문인도 아니어서 출판사의 공신력이 떨어진다고 했다. 문제는 나의 지나치게 평범한 삶이었다. 이런저런 얘기를 듣고나서, 나는 1년 동안 새벽마다 정성들여 쓴 글을 가슴에 묻었다.

그 후 나는 생업에 뛰어들어 열심히 살았다. 남편도 열심히 일했고, 아이들도 무럭무럭 자라주었다. 가족 모두가 맡은 바 최선을 다했다. 그 동안에도 꾸준히 글을 써서 신문에 기고까지 하게 됐다.

내 책을 출판하고 싶다는 꿈을 오랜 세월동안 한 번도 놓지 않았다. 자비 출판이라는 쉬운 길을 갈 수도 있었다. 그를 위해 돈도 약간 모아놓았다. 하지만 나는 사람들의 인정을 받아 내 글을 출판하고 싶었다. 그래야 나같이 평범한 다른 사람들도 희망을 가질 수 있을 거라고 생각했다. 이 책을 읽은 사람들이 꿈을 이루는 것이 쉽다고 생각하지는 않았으면 한다. 대부분의 자기계발 서적은 너무나 확신에 차 있다. 그들은 자신들이 제시하는 방식을 따르면서 사고를 전환하면 반드시 원하는 결과를 얻을 수 있다고 자신 있게 말한다.

나는 내 경험을 글로 써서 '모든 일이 생각처럼 쉽지만은 않다'라는 사실을 알려주고 싶었다. 솔직히 말해 '꿈은 이루어질 수도 혹은 이루어지지 않을 수도 있다'는 사실 앞에서 난감해진 적도 있다. 내가 확신하지 못하는 문제에 대해 과장을 하거나 거짓을 말해 사람들의 인기를 끄는 것은 바람직한 일이 아니다.

그런데 한 가지는 분명하게 말할 수 있다. 나는 내 책을 출간하기 위해 20년 동안이나 노력했다. 문이 열릴 때까지 계속 두드렸다. 그래도 열리지 않았기에 나는 방향을 바꾸었다. 그 문만 두드리고 있을 수 없었기에 생계를 위한 도전을 계속해나갔다. 내게 멀티테스크는 너무나도 당연한 일이 되었다. 그러나 하고 싶은 일을 잊지 않고 또다시 도전했다. 이 책이 먼저 출판되고 난 다음 해에, 오랜 세월 공들여 온 책 또한, 결국 출판을 하게 되었다. 드디어 오랜 세월의 노력과 끊임 없는 도전 속에, 꿈 꾸어 오던 그 문이 열리고 당신 앞에 내 책들이 놓이게 되었다.

20년 동안의 도전. 다른 사람에게 부정적인 평가를 받고 거절당하는 것은 그리 즐거운 일이 아니다. 그동안 나는 출판일은 제쳐두고 세일즈를 하면서 사람들에게 수없이 거절당했다. 세일즈에서 거절당하는 것은 내 업무의 일부였다. 결혼 전에 나는 거절당한 적이 별로 없었으나, 지난 20년은 거절의 연속이었다 해도 과언이 아니다. 너무 힘들어 어떻게 해야 할지 알 수 없을 정도였다. 그러나 다른 길이 없었기에 용감하게 거절의 장벽을 부수고 목표 지점을 향해 달렸다. 그 결과, 거절을 몰랐던 결혼 전보다 나는 몇 배나 더 성장하고 강해질 수 있었다.

그리고 중요한 사실을 깨달았다. 거절당하는 것이 쉬운 일이었다면 모든 사람이 다 정상에 올랐을 것이다. 많은 사람이 꿈을 이루기 위한 노력을 중도에 그만둔다. 그리고 '나는 되는 일이 없다'고 단정해 버린다. 가족의 품에 묻혀 한평생을 사는, 가장 쉬워 보이고 덜 아픈 길을 선택한다. 그러나 그 역시 생각만큼 쉽지 않을 뿐더러 나중에 돌이킬 수 없는 큰 상처를 받을 수도 있다.

셀리그먼의 실험 이야기를 알고 있는가? 긍정심리학의 창시자인 마틴 셀리그먼Martin Seligman은 개들에게 특정한 소리를 들려준 후 충격을 가하는 실험을 했다. 이를 몇 번 반복하면, 같은 소리가 들릴 때마다 개들이 뒤이은 충격을 연상하고는, 도망가거나 탈출하기 위해 발버둥 치리라는 것이 실험의 가설이었다. 그런데 가설과는 다르게 대부분의 개들이 이 소리가 나면 피할 생각조차 하지 않고 아예 바닥에 드러누워 '낑낑'댔다.

마찬가지로 인간도 불행이 계속되면 어느 순간 그런 운명에서 벗어나기 위한 노력을 포기하고 그에 적응해버린다. 더 나아가 냉소주의자나 아예 비관론자가 되는 사람도 있다. 여기서 '학습된 무력감'이란 용어가 생겨났다. 이 실험을 한 셀리그먼은 '긍정심리학' 전파에 평생 헌신했다.

이러한 현상은 세일즈에서도 나타난다. 세일즈 실적이 좋지 않을 때 어떤 이들은 마치 자신이 경제학자나 된 것처럼 '체감 경기'를 운운한다. 어떤 이는 세일즈 비관론자가 된다. 어떤 이는 마지못해 출근해 자리나 지킨다. 이런 모습들을 보면서 나는 '꿈을 파는 세일즈우먼'이 되기로 결심했다. 그리고 그 결심이 이 책을 쓰는 동기가 되었다.

어쩌면 그 꿈은 내 자신에게 가장 먼저 필요했었다는 생각이 든다.

사실 정말 힘든 것은 꿈을 이루기 위해 노력하는 것이 아니라 이루어질 때까지 기다리고 거절당하면서도 계속 도전하는 것이다. 이 모든 난관이 있다는 것을 알면서도 어떤 것을 간절히 바란다면, 그리고 그 꿈이 여러 사람을 더 나은 길로 인도할 것이라는 확신이 있다면, 꿈을 포기하지 말고 끝까지 붙잡아야 한다. 그런 꿈은 '언젠가는' 이루어진다. 아니 이렇게 말하는 것이 더 정확하겠다. 당신과 내가 꾸는 그 꿈은 '언젠가는' 이루어질 뿐더러, '반드시' 이루어져야 한다.

일확천금을 거머쥐기 위해, 금광을 찾아 미서부로 달려간 **19**세기 **"Gold Rush"** 사람들을 기억하는가? 오늘 **21**세기를 사는 우리 모두 또한 꿈을 찾아서 **"Dream Rush"**의 여정을 달려가고 있다. 꿈을 이루려는 당신과 나의 간절한 여정은 오늘도 계속 되고 있다. 우리 삶에서 각자 이루려는 꿈의 금광은 너무도 무궁무진하기에 고갈되지 않으며 노력에 여하에 따라 더 수확할 수도 있다. 중요한 사실은, 하나님께서 당신을 위해 준비해 두신 금광을 캐기 위해, 오늘 당신은 무엇을 하고 있는가? **Arrow M**

MCJ International Inc. 는 Change lives with Inspirations and Thoughts' 란 슬로건으로 전 세계 시장 개척에 나서고 있다. <Dream Rush / 드림 러쉬> 외에도, <When the day comes / 그 날이 오면 / Arrow M>, <Gifted Heart / Arrow M>을 보급하는데 주력하고 있다. 자세한 안내는 MCJworld.com 을 참조하기 바란다.

Dream Rush / 드림 러쉬

지은이 Arrow M

출판인 Minsu Rhee

펴낸곳 MCJ INTERNATIONAL INC.

주소 P.O. BOX 1771   GERMANTOWN MD 20875

ISBN-13: 978-0692119273 / 0692119272

www.mcjworld.com

info@mcjworld.com

www.ingramcontent.com/pod-product-compliance
Lightning Source LLC
Chambersburg PA
CBHW051609230426
43668CB00013B/2040